¿Los Ángeles Usan Overoles?

Recomendaciones

¡Guau! Estas son historias asombrosas de nuestro increíble Dios. Me reí, lloré, y dí gracias mientras leía. ¡Tú también lo harás! A través de estas páginas, resalta la labor de Dios, algunas veces de manera clara, mostrándose en un milagro, y otras veces «detrás de escena», cumpliendo su plan a través de gente ordinaria.

En un mundo lleno de constantes malas noticias, estas aventuras de la vida real inspiran el corazón y fortalecen la fe. Dios sigue trabajando. ¡Lee y alaba! ¡Lee y ora! ¡Lee y sé motivado!

Dr. Don Bader

Intercultural Ministries (Ministerios Interculturales)
AG U.S. Missions (Misiones de las Asambleas de Dios
en los Estados Unidos)

¿Los ángeles usan overoles? Es una pregunta rara hasta que lees este recuento increíble del trabajo y los ministerios de estos dos amados amigos de toda mi vida, Bill e Hilda Bradney, cuyas vidas derramadas de obediencia fiel al llamado de Dios han resultado en incontables miles de almas perdidas traídas al Reino de Dios y en un avance de la Iglesia de Jesucristo por todo el mundo. Sus fascinantes relatos sobre los milagros, de las mismas proporciones que en el Nuevo Testamento, tanto en sus vidas como en las de otros, te motivarán a creer por ti mismo y por aquellos que amas, que: «el mismo que es Señor de todos, es rico para con todos los

que le invocan» (Romanos 10:12b). Y una cosa más, ¡puedo anticipar que una vez que hayas empezado a leer este poderoso libro, no podrás dejarlo a un lado hasta que hayas leído hasta la última página! ¡Gracias, Bill e Hilda, por sus vidas tan bien vividas para la gloria de Dios! ¡Que Jesucristo sea alabado!

DONALD G. KROAH, D.MIN

Pastor principal, Plymouth Haven Baptist Church
Alexandria, VA
presentador del programa *The Don Kroah Show*
WAVA Radio en Washington, DC
Fundador y presidente de Reach Africa Now, Inc.

A Evie y a mí nos encantó leer estas 48 ventanas al maravilloso viaje de fe de los misioneros Bill e Hilda Bradney. En estas historias se le da al lector un vistazo detrás de escena de las notables vidas de estos dos siervos de Dios. Siempre hemos dicho que conocer a los Bradney, es amarlos y admirarlos; pero más allá del rol que tienen en estas historias, está el testimonio inspirador de la fidelidad de Dios en sus vidas. Te recomendamos este libro con todo entusiasmo.

DR. DON MEYER

expresidente fundador de la Universidad de Valley Forge
Phoenixville, PA

La hermana y el cuñado de la autora Hilda Bradney, Pauline y Halden Curtiss pastorearon la iglesia Little Brown Church en Bigfork, Montana, a finales de los años 60, donde mis suegros, Jerry y Shirley Windle aceptaron a Cristo cuando eran una joven pareja de casados. Ahí los discipularon y fueron al campo misionero. Mis primeros recuerdos en edad preescolar, como hija de misioneros en Latinoamérica, fueron en Costa Rica, donde Hilda y Bill Bradney sirvieron por muchos años. Fue un gran gozo conocer y descubrir las conexiones del pasado mientras se producía este libro: *¿Los ángeles usan overoles?*

Más allá de ser una historia cautivadora de la carrera misionera de los Bradney, los relatos increíbles de la intervención divina en este libro son un recordatorio de que en un mundo de tanta turbulencia y pruebas, la fe todavía mueve montañas y los propósitos de Dios siempre prevalecerán. Recomiendo este libro ampliamente.

JEANETTE WINDLE

reportera de misiones
editora de la revista BCM World Magazine
misionera en la BCM International
autora de *All Saints, Forgiven* y
Hope Underground: The Chilean Mine Rescue.

¿Los Ángeles Usan Overoles?

Y más Historias Sobre Intervenciones Divinas
en Una Vida Misionera

Hilda Bradney

Bradney Publications

Bradney Publications

Publicado por Publicaciones de Bradney.
ISBN versión impresa 979-8-9865312-1-2
ISBN versión de libro electrónico 979-8-9865312-2-9
ISBN versión en inglés 978-0-578-38067-4
ISBN versión electrónica en inglés 979-8-9865312-0-5

Editado por *Jeanette Windle* en www.jeanettewindle.com.
Portada diseñada por *Endig Prayitno (J. Ferd)* en www.99designs.com.
Treducido al español por *Milamex Ediciones* en paoladelcastillo.milamex@gmail.com.
Interior del libro, formato final y libro electrónico diseñado por *Ebook Listing Services* en www.ebooklistingservices.com.
Póngase en contacto con el autor en billhilbradney@gmail.com.

Dedicación

Este libro está dedicado a:

Aquél que planeó y proveyó estas historias que enriquecieron mi vida y la de muchos otros. ¡Gracias Jesucristo!

Mi fiel esposo y apoyo desde hace sesenta años, nuestros tres hijos Ruth, Philip y Cheryl, nuestros ocho nietos y cuatro bisnietos.

La gente piadosa en mi vida: Mis padres, maestros, colegas, mentores, pastores, amigos y estudiantes, quienes contribuyeron de manera positiva en mi vida.

Por último, dedico estas historias a ti, mi lector: Que puedas descubrir los secretos que abrirán la puerta a una vida llena de propósito y recompensas durante tu travesía hacia la eternidad.

Tabla de Contenido

«Mi espíritu se regocija en Dios mi Salvador...Porque me ha hecho grandes cosas el Poderoso».

—La Virgen María

Lucas 1:46, 49

Introducción

Historias que contar

Todos tenemos historias que contar. Historias que hacen que otros se rían, lloren, se asombren, animen y ojalá se sientan inspirados. En mi caso, esas historias comienzan con lecciones de fe y valentía que aprendí de mis piadosos padres, quienes fueron misioneros pioneros en la India durante algunos de los momentos históricos más retadores del país, incluyendo frentes de batalla en la Segunda Guerra Mundial.

Como hija de misioneros, después serví con mi esposo como misionera en Latinoamérica. A través de mi experiencia personal en diversos países, culturas y personas en varios continentes, he visto de primera mano y he sido testigo en las vidas de otros, de la intervención de Dios en lo natural y en lo sobrenatural.

El Señor ha interrumpido, orquestado, hablado, transformado, sanado de manera emocional y física, consolado, guiado, protegido y provisto con o sin la participación de otras personas.

Al escribir este libro, me doy cuenta de que muchos de los involucrados en estas historias y también los que me han ayudado a juntarlas, son dignos de un enorme agradecimiento. Al ver y escuchar a Dios trabajando entre ricos y pobres, gente con educación formal o informal, y viejos y jóvenes alrededor del mundo, he descubierto que la clave para un corazón feliz es una actitud de agradecimiento.

Ante la insistencia de muchos, he rescatado de mi memoria, documentado e investigado las siguientes historias que experimenté, atestigüé y escuché. Otras innumerables historias que no he registrado aquí, están impresas en tinta indeleble en los libros celestiales.

Es mi oración que estos relatos te motiven a reflexionar sobre cómo Dios ha orquestado tu propia vida, y te lleve a darle gracias al Dador de «toda buena dádiva y don perfecto» (Santiago 1:17) y a aquellos que han invertido en tu vida.

Capítulo 1

Accidente, Linterna y Hojas de Papaya

En octubre de 1971 había pasado poco más de un año desde que mi esposo Bill y yo junto con nuestros tres hijos llegamos a Costa Rica para servir como misioneros con las Asambleas de Dios.

Ya hablábamos un poco más el español y a Bill lo habían invitado a acompañar a un pastor costarricense a Cahuita, Costa Rica, un pueblo costeño cerca de la frontera con Panamá. El propósito del viaje era animar a los cristianos locales de la tribu Bribri, una población indígena que vivía en la selva alrededor de Cahuita.

Para llegar a Cahuita, los dos hombres tomaron un tren en la noche. A las 3:30 de la mañana, Bill y otros pasajeros estaban en sus asientos tratando de dormir cuando el tren de repente se sacudió para después de manera abrupta frenar con un gran chillido. Junto con otros vagones, el vagón de pasajeros donde iba Bill se separó del tren, se volteó y resbaló unos treinta o cuarenta metros por una barranca profunda. Finalmente se detuvieron sobre unas rocas grandes y maleza.

Con el vagón de cabeza, a Bill le costó trabajo poder orientarse. El techo ahora era el piso. No ayudaba que las lámparas de keroseno, única fuente de luz en los vagones de pasajeros, se hubieran apagado por completo, así que estaba en una completa oscuridad. En una revisión rápida se dio cuenta de que no se había roto ningún hueso, aunque sangraba por la nariz y los oídos. Echó un vistazo por la ventana y vio la luz de la locomotora en las vías en la parte alta del barranco.

Bill se las ingenió para encontrar a su amigo, el pastor. Junto con los otros pasajeros, salieron del vagón, se agarraron de los arbustos y troncos de árboles y lentamente treparon por la ladera de la montaña a donde estaba el resto del tren, aún sobre las vías. Increíblemente, ningún pasajero parecía herido de gravedad, aunque todos seguían en shock, con moretones y cortadas.

Tres horas después llegó otro tren para trasladar a los pasajeros heridos a una clínica. No había electricidad, así que tuvieron que revisar a Bill con una linterna. Después de un breve examen, el paramédico le informó a mi esposo que no tenía heridas graves y le dijo que se podía retirar. Desafortunadamente, no era el caso. En el choque y en la caída por la montaña, Bill se había dislocado un disco de la columna, aunque en ese momento, no sabíamos exactamente qué tenía.

En las siguientes semanas y meses, Bill sufrió de dolor crónico de espalda. Esto se exacerbó con episodios de malaria, hepatitis B, disentería amebiana, gastritis aguda y una úlcera sangrante. Pasó de ser un hombre sano, pesando 175 libras (80 kg), a bajar a 130 libras (60 kg).

Durante muchas semanas durmió en una cobija en el piso de la recámara, donde yo le daba comida blanda con una cuchara. Siempre trató de tener una actitud positiva y bromeaba diciendo que si se parara con su lengua de fuera, se vería como un cierre de ropa, o que tendría que pararse dos veces para que se pudiera ver su sombra.

Pero yo me sentía cada vez más desesperada con respecto al deterioro de su salud, en especial con los tres pequeños hijos que debía cuidar y las responsabilidades del ministerio. ¿Dónde estaba Dios? Si Él nos había llamado a servirle en Costa Rica, ¿por qué estaba permitiendo que pasara todo esto? Un día particularmente difícil, clamé al Señor con un grito: «¿Sabes dónde vivimos, Señor?».

Mientras yo clamaba al Señor, a Bill lo vencieron las náuseas. Con un intenso dolor de estómago, comenzó a gatear por todo el piso de la recámara hasta el baño. Con mucho esfuerzo, se incorporó desde el suelo para poder vomitar en la taza. Las náuseas y el estarse arqueando para poder volver el estómago causaron más estragos a su ya dolorida espalda.

De repente, un intenso espasmo lo llevó a un movimiento brusco en su columna vertebral. Por primera vez en meses, pudo enderezarse sin un agonizante dolor. De manera asombrosa, el arqueo provocado por el vómito había causado que el disco desencajado regresara a su lugar correcto. Aunque había llegado arrastrándose al baño, ahora podía caminar por su propio pie, lento pero de manera firme.

Me apuré para llegar hasta donde estaba mi esposo. Descubrí lo que había pasado y rompí en llanto. Mi acusación y demanda previa se convirtieron en una oración de gratitud y arrepentimiento. «¡Gracias, gracias, gracias por sanar a Bill! ¡Jesús, lamento tanto, tanto, haber sido tan impaciente!».

Quedé abrumada por la presencia y la paciencia de Dios conmigo. Este milagroso avance era un recordatorio de que Bill y yo podíamos enfrentar el futuro confiando en nuestro amoroso Padre celestial. Aunque Bill continuó de manera ocasional con un dolor de espalda hasta que se sometió a una cirugía en un viaje que hicimos a Estados Unidos, por lo menos podía ponerse de pie y continuar con su vida normal y el ministerio.

Pero Bill seguía batallando con algunos otros problemas de salud. Las Asambleas tenían un Instituto Bíblico en San José, la capital de Costa Rica, y enseñaban a pastores y laicos sobre la Palabra de Dios y el discipulado cristiano. Cuando el Instituto Bíblico no estaba en funciones, los miembros de la facultad daban cursos cortos del Instituto en diferentes zonas rurales.

Durante una semana los pastores y laicos viajaban a una localidad central donde estudiaban de siete a ocho horas diarias, terminando cada día con un alcance evangelístico al aire libre, que incluía una película sobre el evangelio.

Bill y otro miembro de la facultad habían enseñado una de estas sesiones en un pueblo indígena maya donde el jefe de la tribu local, había tomado las clases. Cuando el jefe escuchó que Bill estaba enfermo de un caso muy serio de hepatitis B, se apresuró a preparar un remedio indígena para que sanara, extrayendo el jugo de unas hojas nuevas pequeñitas de papaya.

Cuando el jefe llenó la botella del líquido verde brillante, envió a su hijo en un viaje de ocho horas en camión para entregarle la botella a Bill. Hoy, aun en Norteamérica, el extracto de hoja de papaya es muy popular como un tratamiento efectivo contra la malaria, fiebre por dengue, para mejorar las funciones del hígado y otros beneficios para la salud.

Pero en aquel entonces, nosotros nos sentíamos inseguros, así que preguntamos a Vera, la cocinera del Instituto Bíblico, sobre los beneficios para la salud de este extracto. Ella nos lo recomendó.

Bill bebió el extracto. Para su sorpresa al día siguiente, se sentía mucho mejor. Continuó bebiendo el extracto y siguió mejorando. Después de un tiempo se hizo un examen y su hígado, que había estado dañado por la hepatitis, estaba completamente sano. Estábamos tan agradecidos con Dios y con este amoroso y bondadoso jefe cristiano de la tribu.

Este es solo un ejemplo de cómo los creyentes costarricenses nos expresaron su amor de maneras muy prácticas a través de los años.

También es solo un ejemplo de cómo Dios usó lo que algunos consideran medios «naturales» para intervenir de manera sobrenatural en nuestras vidas, una caída de cuarenta metros a un barranco impidiendo que mi esposo muriera, un ataque de náuseas para ajustar un disco dislocado de la columna vertebral o dando sabiduría al jefe de una tribu indígena para usar los dones de la naturaleza para sanar una enfermedad tropical.

Capítulo 2

De la Pandemia al Propósito

Mi propia historia comienza con el amor comprometido de mis padres hacia Dios y su deseo de servirle, el cual de una manera abrupta y dramática transformó sus vidas siendo apenas dos jóvenes solteros después de la Primera Guerra Mundial en Inglaterra.

En 1925, mi mamá, Hilda Newsham, tenía veinticuatro años de edad y disfrutaba de una vida tranquila con una familia amorosa, amigos y muchas fiestas. Entre semana, ella trabajaba como secretaria profesional en el Banco de Londres. Los domingos por la mañana asistía a la iglesia oficial de Inglaterra. Aunque aparentemente tenía todo lo que podría necesitar o querer, el corazón de Hilda se sentía vacío y se preguntaba si había algo más en la vida.

De pronto el mundo cómodo de Hilda se derrumbó. Ni su familia ni sus amigos ni los médicos especialistas ni su iglesia la pudieron ayudar.

Un doctor diagnosticó su condición como la gripe española, un virus que solo entre 1918 y 1921, infectó a aproximadamente una tercera parte de la población mundial, matando a entre cincuenta y cien millones de personas y convirtiéndola en una de las peores pandemias de la historia de la humanidad. No existía un tratamiento médico.

Hilda se debilitó cada vez más y quedó muy frágil. Su cabello oscuro, cejas y pestañas se le habían caído por completo. Estaba ya a punto de fallecer cuando una compañera y amiga del banco la invitó a las reuniones de avivamiento en el Surrey Tabernacle (Tabernáculo de Surrey) en Walworth, un distrito al sur de Londres, en junio de 1925.

El evangelista era Stephen Jeffreys, un exminero de carbón del sur de Gales. Él se había convertido al Señor con otros cien mil que escucharon las predicaciones del famoso evangelista galés, Evan Roberts.

Hilda aceptó la invitación. Las reuniones de avivamiento eran tan populares, que tuvo que esperar en la fila por varias horas para poder entrar al tabernáculo.

Encontró un lugar en la primera fila de un balcón y escuchó con asombro a personas de todas las edades, que llenaban el auditorio y cantaban de corazón canciones impresas en hojas de colores. ¡Un enorme contraste con la Iglesia de Inglaterra y su liturgia tan estricta! ¿Cómo podía un predicador, sin una toga apropiada, hablar con tanta autoridad desde una plataforma religiosa?

Pero la compasión y la sinceridad de Jeffrey cautivaron el corazón de Hilda. Parecía que le estaba hablando directamente a ella, como si le estuviera describiendo su vida a las miles de personas atiborradas en el edificio. Profundamente impactada, regresó noche tras noche. Una de esas noches, se unió al flujo de personas que pasaron al altar para pedir a Jesucristo el perdón de sus pecados.

Mientras Stephen Jeffrey oraba por los que habían venido al altar, Hilda sintió el poder de Dios fluyendo como electricidad a través de su cuerpo. En ese momento, no solo fue perdonada por sus pecados sino que de manera instantánea fue sanada y llena del Espíritu Santo.

Arrodillaba en el altar, tuvo una visión, de rostros oscuros alrededor del arco de unas puertas de madera tallada. Reconoció que los rostros eran del este de la India y concluyó que Dios la estaba dirigiendo a servirle en la India.

Rebosante de gozo, compartió muy emocionada con su familia cómo Dios la había transformado. Sus padres y hermanos estaban asombrados y no podían negar que había sido transformada. La débil y frágil Hilda, antes tan cerca de la muerte, ahora estaba feliz y fuerte. Tan solo en tres días le empezó a crecer el cabello y dos semanas después ya tenía pequeños rizos negros. Su doctor confirmó que estaba sana, pero no encontraba una explicación médica.

Este milagro trajo a toda la familia una nueva y vibrante fe en Dios. Hilda creció de manera espiritual al comenzar a estudiar la Palabra de Dios y yendo a todos los servicios que podía.

Pronto descubrió que Stephen Jeffrey estaba asociado a la Elim Evangelistic Band (Banda evangelística Elim), conocida después como la Elim Pentecostal Church (Iglesia Pentecostal Elim). El nombre Elim significa oasis, refiriéndose a la historia de los israelitas mientras vagaban por el desierto (Éxodo 15:27).

Hilda hizo una cita con el director de misiones de Elim y le dijo súbitamente: —¡Dios me ha llamado a la India!

La respuesta no fue para nada positiva. El director de misiones le dijo sin rodeos: —No estamos enviando a misioneros solteros, ya que tenemos una larga lista de parejas y familias esperando para servir en países necesitados alrededor del mundo.

Convencida de que Dios la había llamado a servir en la India, Hilda no fue disuadida. Aunque no levantó fondos de manera formal, sus familiares y amigos le dieron suficiente dinero para cubrir su boleto para ir en barco a la India. Con el pasaje en mano, ella regresó con el director de misiones de Elim y fue entonces que la organización evangelística de Elim la bendijo con gusto como una de sus misioneras.

Mi madre se preparaba para viajar a la India, cuando otro misionero escribió el siguiente poema a manera de despedida en este tiempo de servicio:

No es un camino de pétalos de rosa,
No es un sendero de pasto aterciopelado,
Sino piedras y desierto y un puesto de avanzada
Y una cruz para siempre llevar.
Hay pecado que debe ser confrontado, y pecadores.
Hay una lucha que debe ser peleada solamente por ti.
Pero hay gloria adelante para el seguidor
Y una victoria que siempre será verdadera.
Así que toma tu armadura y úsala,
Empuña firme tu Espada en tu mano,
Y el poder que te ha llamado a la batalla
Verá que tú también puedes mantenerte firme.

Era el año de 1933 cuando Hilda arribó con su escaso equipaje al puerto de Calcuta, al noreste de la India, conocido hoy como Kolkata. Al mirar hacia abajo desde el muelle del bote hacia su nuevo hogar, la tierra a la que había sido llamada, Hilda de inmediato vio las puertas altas y ornamentadas de la aduana, que era el punto de entrada para cualquier persona recién llegada al lugar.

Las puertas eran talladas, de madera y arqueadas, justo como ella las había visto en aquella visión tan memorable esa noche en el Tabernáculo de Surrey. Dios, quien la había sanado y llamado a ir a la India, ahora la estaba empoderando para entrar por esas puertas decoradas para servirle.

Hilda entró a la escuela de idiomas para aprender hindi, el idioma predominante de la India y después comenzó a ministrar y enseñar la Palabra de Dios en el área de Calcuta con otra misionera de Elim, la señorita Ewens. Esta no fue una tarea sencilla, dado que Calcuta era y sigue siendo una ciudad muy saturada, sucia, pestilente y llena de enfermedades. El primer reto espiritual importante vino de una mamá india desesperada.

Mientras Hilda oraba por el hijo de esta mujer, en el nombre de Jesús, el chico fue liberado del poder de Satanás. La madre y el hijo formaban parte de un nuevo grupo de creyentes que iba creciendo. Era responsabilidad de Hilda discipularlos en las verdades bíblicas. Cuando leyeron sobre el mandamiento de Jesucristo de bautizarse en agua, muchos pidieron que se les bautizara.

Hilda solo medía 4 pies y 8 pulgadas (1.42 metros), así que bautizar a los que eran más altos que ella iba a ser un reto. Ella fue creativa y trajo una tina. Los candidatos al bautismo se arrodillaron en el agua, haciendo posible que los pudiera bautizar de manera más fácil.

Los archivos históricos de la Elim Pentecostal Church (Iglesia Pentecostal Elim), que ahora es una denominación con más de 4,000 iglesias pentecostales en alrededor de cincuenta países alrededor del mundo, muestran que el 15 de enero de 1934, Hilda Newsham inauguró la House of Prayer (Casa de Oración), la primera iglesia pentecostal construida en Calcuta.

Durante la ceremonia, un terremoto sacudió la ciudad durante ocho minutos. La congregación salió del santuario a los alrededores. El edificio se tambaleó y las ventanas se rompieron, pero no hubo pérdidas humanas. Las siguientes dos semanas hubo reuniones especiales, Dios sanó a muchas personas y muchos fueron salvos y recibieron al Espíritu Santo.

Siempre estaré agradecida por mi madre, quien obedeció el sagrado llamado de Dios de manera fiel y amorosa, sirviendo a su Señor y Salvador hasta su último aliento, cuando los ángeles la llevaron a su hogar celestial.

Capítulo 3

De Herramientas a Tesoros

Mi padre, Harold Groves, nació en Portsmouth, Inglaterra, en 1908. Su padre fue Albert Groves, un oficial de la Marina Real que sirvió durante veintidós años. Falleció en 1916 cuando naufragó el barco en el que estaba, al ser torpedeado por una flota alemana durante una batalla de la Primera Guerra Mundial.

Este hecho dejó solos a su madre y a Harold (con tan solo 8 años de edad) junto con su hermano y hermana menores que él. Harold, el mayor, rogaba a su madre que le permitiera dejar la escuela para poder ayudar a proveer para la familia.

Harold comenzó a trabajar para el hermano de su madre, entregando muebles en un carrito. Era una labor muy difícil para un niño tan pequeño. Un día, mientras intentaba empujar el carrito que en esa ocasión estaba muy pesado, al pasar por un puente, oró: «¡Dios, por favor ayúdame!». Y justo en ese momento, un anciano que pasaba por ahí se detuvo para ayudar a Harold a empujar el carrito. Esto le dejó claro a Harold que Dios había escuchado su oración.

Durante ese tiempo, el tío de Harold abusaba sexualmente de él. Harold sabía que su mamá amaba mucho a su hermano, así que no sentía que podía contárselo. En su desesperación, miró al cielo y clamó: «Dios, no tengo un padre terrenal. Si tú estás allá arriba, ¿me podrías ayudar?».

A la mañana siguiente, cuando Harold entró a la tienda de muebles para comenzar sus labores, vio a su tío vestido de traje y corbata, tirado en el piso. Llamó de inmediato a la policía. Ellos al llegar lo declararon muerto. Una vez más, Harold reconoció que de forma inexplicable y misteriosa, Dios había contestado su oración.

Para ayudar a mantener a la familia, Harold decidió empezar su propio negocio. Se asomó por la ventana de una tienda Woolworth y vio que tenían en descuento unas bonitas bandejas para té, hechas de metal. Con la afición de los ingleses por el té y los pastelillos, Harold se imaginó que las bandejitas para el té serían objetos lucrativos para vender.

Él tenía suficiente dinero restante de sus ganancias anteriores y compró doce bandejas para té. Después se dedicó a ir de casa en casa. Algunos dueños le cerraron la puerta, pero Harold persistió. Pronto había vendido todas sus bandejas.

Regresó a la tienda Woolworth y compró dos docenas más de bandejas. Después de venderlas, compró otras más. Con el tiempo, terminó comprando cien bandejas en cada visita a la tienda, vendiéndolas tanto a individuos como a tiendas de té. Harold estaba orgulloso de ser tan buen vendedor y poder ayudar a su familia, pero al mismo tiempo se sentía avergonzado por haber abandonado la escuela.

En una ocasión, mientras vendía bandejas, Harold vio a un antiguo compañero de la escuela cruzando hacia el lado del camino donde iba él. De inmediato se detuvo y simuló estar atando su agujeta para que el muchacho no lo viera trabajando como un vendedor ambulante. Cuando su compañero pasó de largo, Harold por fin se puso de pie y siguió vendiendo sus bandejas.

Más tarde, Harold comenzó a comprar, reparar, pulir y vender motocicletas usadas. Un día compró un auto deportivo usado, con el escape amarrado con una cuerda. Todo por solo doce libras. Adquirió una licencia para conducir y comenzó a manejar ese auto. Un vecino se enamoró del vehículo y le preguntó a Harold: — ¿Cuánto quieres por él?.

—Cuarenta libras —contestó Harold rápidamente.

—¡Trato hecho! —respondió el vecino.

Esta fue la primera ganancia importante para Harold. El primer día que el vecino manejó el auto, al acelerar se estampó con la pared de su jardín. Su esposa salió con un rodillo en la mano y le gritó que se deshiciera del auto. El vecino insatisfecho pronto encontró un comprador y vendió el auto por solo diez libras.

Los ahorros de Harold crecieron. Compró herramientas a buen precio y las guardó debajo de su cama. Cuando tenía suficiente dinero, le pagaba un mes de renta a la tienda del barrio y con orgullo exhibía sus herramientas en el aparador. Era talentoso como rotulador, así que hizo un letrero que decía: «Herramientas Groves, abierto al público». A los quince años de edad, ya era un empresario.

El negocio floreció. Harold abrió dos tiendas más. También importó una de las primeras máquinas para hacer llaves desde los Estados Unidos, añadiendo una cosa más a sus aventuras como empresario. Sus aptitudes para los negocios le fueron útiles durante toda su vida. Dios lo estaba preparando para promover y compartir el mensaje del evangelio a individuos y también a multitudes alrededor del mundo.

Un día, un amigo llamado Stephen Laws invitó a Harold a ir con él a escuchar al evangelista galés George Jeffreys, hermano de Stephen Jeffreys. Harold no quería ofender a su amigo, quien era un muy buen cliente suyo, así que le sugirió: «Stephen, te acompaño si nos vamos juntos en mi motocicleta Triumph».

Harold pensaba que se había librado del compromiso, ya que Stephen sabía que Harold amaba la velocidad y le habían negado el seguro porque tenía un mal historial al volante. Para sorpresa de Harold, su amigo accedió ir. Stephen después admitió: «¡Me agarré fuerte y oré durante todo el camino!».

Cuando llegaron a la reunión de avivamiento, Harold quería sentarse atrás para poder escapar rápidamente, pero Stephen lo guió a la fila de adelante. Mientras el evangelista George Jeffreys explicaba el maravilloso plan de salvación de Dios, Harold observó a una mujer sentada en una silla de ruedas a poca distancia.

Cuando el evangelista terminó de predicar y de orar, la mujer se puso de pie y le pidió a su esposo que él se sentara en la silla de ruedas para que ella pudiera empujarlo. Al ser testigo de este milagro, Harold le pidió a Jesucristo que lo salvara de su pecado y entregó su vida para seguir a su Salvador. Harold fue fiel a este compromiso incondicional de servir y amar a Dios hasta que murió.

Esta experiencia despertó un hambre en Harold por más de Dios. El vecino del negocio de Harold, un sastre que recientemente había aceptado a Jesucristo en su vida, invitó a Harold a unirse con él en oración los miércoles cuando las tiendas locales cerraban a medio día. Así que cada miércoles por la tarde, los dos empresarios oraban de rodillas.

En ocasiones Stephen se les unía. Una tarde, Harold comenzó a alabar a Dios en una lengua que no había aprendido. Con mucha emoción, Stephen le dijo a Harold que había recibido lo que los seguidores de Jesús de la iglesia primitiva habían recibido en el Pentecostés (Hechos 2).

—¿Qué fue eso? —preguntó Harold.

—El Espíritu Santo te está dando poder para ser un testigo de Dios —le respondió Stephen.

Harold pronto se unió a una iglesia pentecostal. Un día llevó a un tío que no era creyente, para que escuchara al evangelista pentecostal Smith Wigglesworth. Una mujer que estaba sentada cerca de ellos tenía una herida muy desagradable en su mano. Harold se sentía incómodo al verla porque sabía que su tío sería muy crítico en cuanto a la situación de esta mujer.

Mientras toda la congregación oraba en voz alta, el tío de Harold se quedó observando la inmensa llaga. Cuando terminó el tiempo de orar, la horrenda herida había desaparecido y la mano de la mujer se veía completamente limpia y sana. Después de ver este milagro, el tío de Harold pidió a Jesucristo que entrara en su vida. Él y Harold dieron el paso de ser bautizados en agua al mismo tiempo.

Harold había escuchado hablar a los misioneros que visitaban sobre la gran necesidad que había en la India. Sintió en su corazón que Dios quería que sirviera en la India. Su pastor también afirmó que Dios había puesto su mano en Harold para servirle de tiempo completo.

En preparación para el ministerio, Harold entró a la Hampstead Bible School (Escuela Bíblica Hampstead), una universidad de las Asambleas de Dios en el sur de Londres. El director Howard Carter infundía en sus alumnos un amor por la Palabra de Dios y hacía un énfasis en que la fe agradaba a Dios, animando a sus estudiantes a esperar las intervenciones milagrosas de Dios.

En 1930, mientras Harold estudiaba en Hampstead, Howard Carter compartió con los estudiantes la necesidad de expandir las instalaciones limitadas de la universidad. El director había hecho un pago por adelantado para un edificio más grande. Cuando se acercó la fecha para cerrar el trato, la universidad todavía no tenía el dinero para pagar la cuenta. Carter pidió a los estudiantes que oraran.

«Si no tenemos la cantidad para mañana, vamos a perder el adelanto que habíamos hecho, que fue una cantidad importante», les explicó.

Esa noche mientras los estudiantes y maestros se reunían para orar por los fondos necesarios para pagar, un misionero que venía de visita desde Francia, el pastor Douglas Scott, profetizó que llegarían cubetas llenas de dinero. Los estudiantes quedaron perplejos con esta extraña profecía. Después de orar hasta la media noche, se dirigían a la cama cuando escucharon un fuerte golpe en la puerta principal.

Harold fue el primero en bajar a toda velocidad por las escaleras. Al abrir la puerta encontró varios paquetes envueltos en periódico. Al abrir uno de ellos vio que tenían dinero. Llamó a otros estudiantes para que bajaran. Había tanto dinero que tuvieron que usar cubetas para llevarlo todo adentro.

Fue entonces que los estudiantes recordaron la profecía del misionero que había venido de visita. Cuando contaron el dinero, se dieron cuenta de que era suficiente para cubrir el total la compra de la nueva propiedad. ¡Dios había derramado su Espíritu Santo en esa escuela!

Después de sus estudios en Hampstead, Harold se casó con una joven llamada Iris, quien también era una cristiana comprometida y tenía un llamado de Dios para las misiones en la India. Juntos visitaron el orfanato del evangelista del siglo XIX, George Mueller, en Bristol, Inglaterra.

Mueller había comenzado ese ministerio en una casa rentada pero terminó haciéndose cargo de miles de niños en distintos orfanatos. En lugar de pedir donativos, él llevaba las necesidades de los niños directamente a su Padre celestial. De manera diaria, tanto los niños como los trabajadores eran testigos de la provisión milagrosa de Dios.

Harold y su esposa Iris, inspirados por el ejemplo de Mueller decidieron que si Dios podía proveer de manera milagrosa para miles de preciosos niños, entonces Él podía hacerse cargo de ellos al seguir la dirección de Dios hacia la India. Fueron con la directiva de las Misiones de las Asambleas de Dios y les informaron que les gustaría ir a la India sin levantar fondos.

Harold vendió sus tres tiendas y compró los boletos. La joven pareja salió hacia la India en septiembre de 1932. Pero seis meses después de llegar a la India, Iris contrajo malaria y murió. Harold se rehusó a permitir que esta trágica pérdida lo desviara de la misión a la cual Dios lo había llamado y se unió a una pareja de misioneros de las Asambleas de Dios, que eran mayores que él y ministraban en un pequeño pueblo.

Estoy muy agradecida por mi papá, quien confió en Dios y se rehusó a darse por vencido.

Capítulo 4

El Equipo H&H de Dios

En la sabiduría y en el tiempo de Dios, Hilda, mi madre, invitó a un evangelista para reuniones de avivamiento en la nueva Casa de Oración. El evangelista no pudo acudir, así que envió a otro misionero en su lugar, un joven y apuesto viudo inglés. El sincero amor de Harold Groves por Dios, su dinámica forma de predicar y su destreza para tocar el violín, cautivaron el corazón de Hilda.

En la cultura india, el cortejo estaba prohibido, ya que los matrimonios eran arreglados por los padres. Aunque Hilda no estaba enterada, en la congregación de la Casa de Oración estaban preocupados porque ella era soltera y decidieron tomar el papel de sus padres ya que ellos estaban en Inglaterra. Así que ya habían elegido a un joven cristiano de la India como su prometido.

Pero la llegada de un viudo cristiano idóneo, de su propia nacionalidad, cambió los planes. Harold e Hilda se casaron tan solo unas semanas después de conocerse, a principios de 1934.

Los recién casados decidieron dejar sus agencias misioneras y confiar en la dirección y provisión de Dios. En las siguientes décadas hasta que Dios llamó a mi madre a su presencia, Harold e Hilda amaron y sirvieron juntos a Dios de manera fiel, trayendo a incontables personas a la fe cristiana y discipulándolos para ser verdaderos testigos de Jesucristo.

Harold e Hilda rentaron una pequeña casa en Calcuta para vivir ahí. Con los pequeños fondos que tenían, mi padre decidió emular al apóstol Pablo como tejedor de tiendas y crear una larga carpa para tener ahí los servicios evangelísticos. Era el primero en hacer eso en aquel entonces en Calcuta.

Harold compró rollos de telas, rentó doce máquinas de coser y contrató a doce hombres para coser. La carpa tenía cien pies de largo por cincuenta de ancho (treinta metros de largo por quince de ancho).

En la carpa cabían como 500 personas. Harold e Hilda colocaban sillas y una pequeña caja en la entrada para aquellos que quisieran dar una ofrenda. Llegaron alrededor de 400 personas al primer servicio. Muchas almas fueron salvas, Dios sanó a muchos de manera milagrosa y hubo gran gozo.

La pequeña caja junto a la puerta estaba llena de dinero. Dios había provisto para las necesidades financieras de Harold e Hilda y lo siguió haciendo desde entonces. Ese fue el nacimiento del ministerio de mis padres como pareja.

Entre aquellos que vinieron a Jesucristo en esas reuniones bajo la carpa, estaba el empresario indio G. E. Silas. En aquel tiempo, tenía una pequeña tienda rentada que vendía pasta de dientes y algunas medicinas. Harold comenzó a discipularlo en la Palabra de Dios, Silas comenzó a diezmar y pronto se convirtió en un próspero empresario.

Eventualmente se convirtió en el presidente de la Gideon Bible Society (los Gedeones Internacionales) en la India, una sociedad bíblica que ha puesto Biblias en habitaciones de hoteles y en las manos de todo tipo de personas alrededor del mundo desde 1908.

Años después, mientras estaba de visita en los Estados Unidos, Harold recibió una llamada del presidente internacional de los Gedeones, preguntando:

—¿Es usted el mismo Sr. Groves, que trabajó en la India en 1932?

—Sí —respondió Harold.

—Le felicito —continuó el presidente—, un hombre llamado G. E. Silas, que aceptó a Jesucristo en una de sus reuniones de avivamiento en una carpa en Calcuta, está como orador invitado en una de nuestras convenciones anuales. Silas ha recaudado millones de dólares, rompiendo todos los récords, para distribuir las Biblias de los Gedeones alrededor de todo el mundo.

La llegada de las lluvias monzónicas dificultó el tener los cultos bajo la carpa. Howard e Hilda rentaron el edificio de una iglesia, donde ministraron por varios años hasta que la London Missionary Society (Sociedad Misionera de Londres) les regaló una bella iglesia.

Durante este período, Aimee Semple McPherson, una reconocida evangelista pentecostal y pastora del Angelus Temple (Templo Angelus) en Los Ángeles, California, una de las primeras mega iglesias, vino a Calcuta.

Mis padres organizaron reuniones con ella. Aimee era fundadora de la Foursquare Fellowship of Churches (Iglesia Cuadrangular) y también era reconocida como una pionera en el uso de la nueva tecnología de la radio para la transmisión de los cultos de su iglesia a millones de personas.

Para entonces, Harold e Hilda ya eran los orgullosos padres de dos niñas: Joy y Pauline. Joy tenía cuatro años y medio y Pauline solo tres cuando otra niña se añadió a la familia Groves en agosto de 1939. En ese tiempo, el prejuicio en contra de las mujeres estaba tan arraigado en la cultura india, que el doctor se rehusó a informarle a mi papá que mi madre había dado a luz a otra niña.

Pero mi papá amaba a sus tres hijas, refiriéndose a ellas de manera privada y pública como sus «tres niñas bonitas». Esto era un testimonio y una bendición para las familias indias que solo tenían hijas en un contexto en el que los niños eran mucho más deseados y valorados. Mis papás me nombraron como mi madre. Hilda significa «sierva guerrera», y yo he orado toda mi vida para ser una verdadera sierva de Dios que pelea «la buena batalla por la fe» (1 Timoteo 6:12).

Durante la Segunda Guerra Mundial, los ataques agresivos de parte de los japoneses hicieron que la población en la India y las tropas de los Aliados que estaban en Calcuta, entraran en desesperación. En aquel tiempo, la India era una ruta aérea importante para provisiones hacia China para las fuerzas aliadas.

Como Burma, hoy Myanmar, había sido ocupada por los japoneses, los aviones con provisiones debían cruzar los Himalayas en una ruta muy peligrosa llamada «La Joroba» para transportar los suministros a los Aliados en China.

Los toques de queda, el racionamiento, las restricciones y el miedo se apoderaron de la densa población de Calcuta. Llegaron a raudales refugiados hambrientos, muchos de los cuales morían antes de encontrar comida. Mi hermana mayor Pauline, de 6 años en ese entonces, recuerda haber visto camiones transportando cuerpos en estado de descomposición. Mi mamá valientemente iba en bicicleta para orar por los enfermos y los necesitados.

La comida escaseaba para todos y consideramos como un regalo especial el que los soldados americanos e ingleses compartieran con nuestra familia sus latas de leche condensada Nestlé y otras cosas de sus raciones. Mis hermanas y yo estábamos encantadas cuando nos llevaban sobre sus espaldas y nos daban dulces.

En medio de tanta violencia y desesperanza, las reuniones de avivamiento que mis padres dirigían atraían a los soldados ingleses y americanos junto con los indios en cultos matutinos y nocturnos. Muchos fueron guiados a aceptar al Señor Jesucristo y fueron sanados de manera milagrosa. Otros que habían estado poseídos y oprimidos por fuerzas satánicas, fueron liberados para amar y servir a Dios.

Después de su conversión, con frecuencia los soldados pedían ser bautizados por inmersión antes de regresar al frente de batalla. Como el agua estaba racionada, el bautisterio no se drenaba entre bautismos. Un soldado celebró la transformación que Dios hizo en él gritando: «¡A Jesús! ¡Hip, hip, hurra! ¡Hip, hip, hurra! ¡Hip, hip, hurra!».

La familia Bradney en la India.

Capítulo 5

Aventura en Simla

Aunque él estaba pastoreando una congregación creciente en Calcuta, mi papá tenía un fuerte llamado de parte del Espíritu de Dios para plantar una iglesia en Simla, una hermosa ciudad en las faldas del Himalaya, a más de 1,000 millas (1,600 km) de Calcuta.

Simla era conocida como la capital británica de verano en la India. Algunos amigos misioneros que estaban en transición antes de ir a otra área de servicio se ofrecieron a pastorear a la congregación en Calcuta por seis meses para que nuestra familia pudiera ir a Simla.

Era la cumbre de la Segunda Guerra Mundial cuando nuestra familia viajó en tren hacia Simla, en enero de 1942. Después de un viaje agotador de tres días, llegamos a la estación de tren de Simla.

Las ventanas abiertas del tren habían dejado residuos de arena y hollín en nuestra ropa, así que mi madre se dedicó a limpiarnos a las niñas, mientras mi papá caminó como una milla (1.6 km) hacia la zona comercial principal. Hasta donde él sabía, no tenía conocidos en Simla, pero al estar caminando, de pronto escuchó a un hombre gritar desde el otro lado de la calle: «¡Alabado sea el Señor, hermano Groves!».

El hombre y su esposa eran médicos misioneros lituanos que habían visitado la iglesia de los Groves en Calcuta. En ese momento, una mujer que vivía en la calle donde estaba mi papá caminando, abrió la puerta de su casa. Era una misionera de Irlanda, la señorita Sullivan, una cristiana devota. Inmediatamente llamó su atención el «Alabado sea el Señor» del doctor al gritarle a mi papá.

Acercándose, la señorita Sullivan comenzó a preguntar:

—¿Cuál es su nombre? ¿Tiene familia? ¿Le interesa alojamiento?

—Harold Grooves —respondió mi papá—. Y sí, de hecho mi familia está en la estación del tren en este momento. Venimos a Simla para ver qué planes tiene Dios.

—Bueno, tengo tres casas de huéspedes que rento durante la temporada alta durante el verano —continuó la señorita Sullivan—. Hace solo una hora recibí un telegrama para cancelar la reservación de un general brigadier en esta casa de huéspedes. Había pagado seis meses de alojamiento por adelantado, así que usted puede quedarse aquí. De hecho, estamos a tiempo para almorzar.

Asombrado por la provisión milagrosa de Dios, mi papá se apuró para llegar con nosotras a la estación del tren y anunció emocionado: «¡Vengan conmigo! A una milla (1.6 km) de aquí nos espera una mujer con un almuerzo en una bella casa de huéspedes».

Un vecino junto a la casa de huéspedes era el dueño de un edificio con tres pisos. Hasta arriba tenía un restaurante, en el segundo piso había un cine y la planta baja tenía una pista de patinaje. Mi papá rentó la planta baja para una campaña durante un mes e imprimió unos panfletos de publicidad para distribuir y comenzar las reuniones nocturnas de avivamiento.

En los siguientes meses, Dios se movió de una manera poderosa. Muchos aceptaron a Jesucristo y fueron llenos del Espíritu de Dios. Una niña tuvo una visión del cielo. Describía un agua resplandeciente como el cristal que salía del trono de Dios (Apocalipsis 22:1).

También vio a su hermano Johnny. Después del servicio ella descubrió que Johnny había muerto una hora antes de su visión. Los hijos de un pastor bautista aceptaron a Jesucristo como su Salvador. Su padre invitó a mi papá para bautizar a los nuevos creyentes en su iglesia que estaba cerca.

La señorita Sullivan había sido testigo de los avivamientos en Irlanda. Ahora ella era testigo del mover de Dios en su hogar actual en Simla, India. A sus setenta años, ella no tenía parientes, así que decidió hacer su testamento a nombre de mi papá. Mi papá se negó, preocupado porque esto fuera una tentación para él que impidiera que obedeciera la voluntad de Dios de evangelizar en la India.

En ese tiempo, mi hermana mayor, Pauline, fue diagnosticada con meningitis, doble neumonía y fiebre tifoidea. Débil y sin poder caminar, ella estuvo en cama por meses. Mi madre recibió amenazas legales por rehusarse a llevar a Pauline a un hospital local, pero ella sabía que los cuidados que necesitaba eran superiores a lo que el sistema médico local podía proveer.

En Simla abundaban los rituales y la adoración satánicos y mis padres peleaban batallas espirituales constantemente. Mi madre escribía y oraba pasajes específicos que pegaba en las paredes de la recámara de Pauline.

Décadas después, cuando Pauline y yo visitamos a nuestro padre anciano en Bangalore, India, me invitaron a compartir la Palabra de Dios en un culto matutino en una iglesia evangélica. Al final, el pastor expresó su alegría de vernos.

En especial estaba emocionado de ver a Pauline como una adulta sana y fuerte. Nos explicó que él había sido uno de los nuevos creyentes que mi papá había llevado a Jesucristo en su hogar en Simla cuando mi papá los invitó a unirse junto a su familia en oración por Pauline.

El pastor continuó: «Subimos las escaleras y nos paramos en círculo alrededor de la cama de Pauline, todos en la habitación sentíamos una presencia maligna. Juntos nos sometimos a Dios y resistimos a Satanás, como se nos enseña en Santiago 4:7. De manera inmediata, vimos una figura oscura salir de la habitación y de la casa».

Yo tenía tres años de edad y no tengo recuerdos de ese evento, pero Dios sin duda sanó el cuerpo débil de Pauline. Después de esa sesión de oración, ella inmediatamente se paró de la cama y volvió a su vida normal. Ese milagro fortaleció la fe de esos nuevos creyentes en Simla.

Mientras vivían en Simla, mis papás hicieron un viaje a pie de varios días en un sendero himalayo donde cada cierto tramo habían casas de reposo del gobierno donde se ofrecía alojamiento y comida. Al final de su segundo día en el camino, escucharon cantos cristianos desde una casa. Mi papá tocó a la puerta. Una mujer le abrió. Detrás de ella estaba el grupo de personas que estaba cantando.

Mis papás se presentaron con ellos. Invitándolos a entrar la mujer explicó que era una doctora cristiana y añadió: «Estábamos teniendo una reunión de iglesia en casa cuando usted nos escuchó cantar. Amamos a Jesús pero nos gustaría aprender más».

Mis padres les compartieron sobre la promesa de Dios en relación a la venida del Espíritu Santo en Hechos 1 y 2, y todos los presentes recibieron el regalo del Espíritu Santo de Dios. Mis papás se quedaron ahí esa noche y continuaron la caminata al siguiente día.

Aunque mi papá había rechazado la oferta de la señorita Sullivan para legarle sus propiedades en Simla, él descubrió después de que ella falleció, que lo había hecho el único beneficiario. Tristemente, un hombre llamado Dutt pagó a un abogado corrupto para que falsificara la firma de mi papá y así se quedó con todos los bienes. Mi papá dejó esa injusticia en manos de Dios.

Un tiempo después de la malversación, un oficial de aduanas cristiano, el hermano Chandra, invitó a mi papá y al señor Dutt a su casa. El señor Dutt ya estaba en su asiento cuando mi papá entró por la puerta. Pasmado al ver al hombre al que había defraudado, el señor Dutt se puso rojo, se dobló en su silla y murió. Así como con el tío abusador de mi papá, Dios había contestado la oración haciendo justicia de forma misteriosa.

Por seis meses, mis padres discipularon a nuevos creyentes. Cuando regresamos a Calcuta, ya se había plantado una iglesia fuerte en Simla, tal como mi padre había sentido el llamado para hacer.

Pero Calcuta y toda la India pronto serían solo un recuerdo lejano para mí.

Capítulo 6

Abatido

En diciembre de 1942, Calcuta fue sacudida por explosiones de parte de las fuerzas aéreas japonesas que empezaron a bombardear la ciudad. Los pilotos de los Aliados destruyeron a muchos bombarderos japoneses, salvando así gran parte de la infraestructura de Calcuta. Sin embargo, los ataques aéreos japoneses continuaron de manera esporádica durante 1943 y los inicios de 1944, cuando Japón trasladó sus fuerzas aéreas a otros lugares.

Recuerdo que a los tres años de edad acompañé a mis papás y mis hermanas a visitar a unos vecinos chinos, que vivían en una casa amurallada. Desde su azotea plana observamos por unos minutos el bombardeo por toda Calcuta y después prudentemente nos resguardamos en la parte baja de la casa.

A finales de 1943, una pequeña iglesia pentecostal en Adelaida, un puerto al sur de Australia, escuchó sobre la familia Groves que vivía con sus hijas pequeñas en una peligrosa zona de guerra en Calcuta.

Los ancianos de la iglesia ofrecieron pagar los gastos para que nuestra familia pudiera dejar la India por un año y pastoreara su congregación. Mi papá viajó en barco para investigar la oferta.

Después de asegurarse de que ahí era donde Dios quería que estuviera nuestra familia, le mandó un telegrama a mi mamá para que lo alcanzara con las tres niñas.

Mi mamá encontró un buque de carga con rumbo a Australia y pagó nuestros pasajes. Ella era la única mujer a bordo y mis dos hermanas y yo éramos los únicos niños.

Muchos barcos en esos peligrosos mares eran torpedeados por los japoneses. Pero Dios nos protegió y llegamos sanas y salvas a Adelaida, a una calurosa bienvenida. Mi papá rentó el edificio del ayuntamiento para los cultos nocturnos y muchas familias vinieron a Cristo, fueron bautizadas y recibieron al Espíritu Santo.

Nuestra familia de cinco se mudó a la casa pastoral. Mi mamá nos inscribió a mis hermanas y a mí en el Methodist Ladies' College (Colegio Metodista para Señoritas), una escuela primaria privada, a la cual llegábamos en tranvía. Yo tenía cuatro años y cursaba el preescolar. El uniforme de la escuela incluía *jumpers* color vino, camisas blancas, corbatas, sombreros y zapatos tipo Oxford.

Los buenos modales y la buena conducta eran de alta prioridad y si se cometía alguna infracción dentro o fuera del campus, se hacía un reporte. Los uniformes y zapatos se inspeccionaban todos los días.

Los domingos eran días muy ocupados. Comenzaba con el culto de adoración en la mañana, un almuerzo empacado que comíamos en el salón social de la iglesia y escuela dominical por la tarde seguida por la hora del té.

Después caminábamos hacia el centro de la ciudad para una reunión en la calle, donde cantábamos cantos evangelísticos acompañados por un órgano portátil y los creyentes daban testimonio del poder transformador de Dios. Los transeúntes se detenían para escuchar y muchos aceptaban la invitación para asistir al culto de la noche.

Mi papá le compró a mi mamá una motocicleta pequeña para que pudiera transportarse durante la semana. Cuando no estábamos en la escuela, mis hermanas y yo tomábamos turnos para acompañarla en la parte trasera de la motocicleta cuando iba a visitar y orar por los necesitados.

Después de un año de pastorear la congregación de Adelaida, mi papá sintió la necesidad de regresar con el grupo de creyentes en Calcuta. Él quería que mi mamá lo acompañara, pero la guerra hacía que fuera muy peligroso llevar niños pequeños.

Dos de las familias de la iglesia se ofrecieron a cuidarnos durante los seis meses que mis papás planeaban irse. Mi hermana menor Pauline y yo nos quedamos con una pareja encantadora de la iglesia, Harold y Rita Bradshaw, quienes siempre habían querido tener hijos, pero no habían podido concebir. Ellos nos trataron como si fuéramos sus propias hijas y nos proveyeron de un ambiente amoroso y estable, enseñándonos a amar a Dios, a la vida y a otros.

Pauline y yo fuimos muy felices con los Bradshaw. Un recuerdo especial que tengo fue de unas vacaciones de tres semanas en Elliot, una pintoresca ciudad costera, donde el tío Harold nos llevó a escalar rocas, pescar, construir castillos de arena y saltar en las olas del mar. Tristemente, no supimos hasta muchos años después, que mi hermana mayor, Joy, quien vivía con otra familia de la iglesia, fue muy infeliz y sufrió muchísimo la ausencia de nuestros papás.

La tía Rita nos enseñó a Pauline y a mí a tejer, así que mientras viajábamos en el tranvía, tejíamos nuestros propios suéteres y otras piezas. Yo tenía cinco años de edad, y no alcanzaba las agarraderas del tranvía, así que me sujetaba de las trenzas de Pauline, que formaban un nudo amarrado a un listón.

Cuando el tranvía se detenía de manera abrupta, las dos quedábamos amontonadas con otros pasajeros. Después nos transfirieron a una escuela pública a la cual podíamos llegar caminando.

Según los tíos Rita y Harold, Pauline y yo normalmente nos portábamos bien. Pero un día cuando regresamos de la escuela, no encontramos a tía Rita en casa. Nos cambiamos los uniformes por ropa de calle y corrimos al otro lado de la calle para jugar en la casa del árbol de un niño que era nuestro vecino.

Pronto escuchamos la voz preocupada de la tía Rita gritando nuestros nombres. Sabíamos que no debíamos dejar la casa sin permiso, así que no nos movimos ni contestamos.

La tía Rita buscó de casa en casa. Cuando escuchamos sus gritos cada vez más lejos, rápido nos bajamos del árbol y corrimos a casa. Nos sentíamos avergonzadas y con temor por haber desobedecido las reglas, así que nos escondimos en la casita del perro, que estaba entre la cochera y la cerca del vecino.

Frustrada y preocupada, la tía Rita llamó al tío Harold a su trabajo. Cuando él llegó, Pauline y yo seguíamos en la casita del perro, apretadas y sofocadas. Cuando escuchamos que querían llamar a la policía, supimos que estábamos en serios problemas. Para nuestra ruina, el perro se unió a la búsqueda. Cuando nos encontró en su casita, ladró fuerte.

Salimos de la casita llorando y corrimos a los brazos de la tía Rita y el tío Harold. De manera firme y amorosa, el tío Harold nos sentó en sus piernas y nos contó la historia del pecado de Adán y Eva en el Jardín del Edén y de cómo se habían escondido avergonzados después de pecar. Y añadió: «Pero Dios los encontró, y Él nos perdona cuando nos arrepentimos».

El tío Harold nos guió en oración. Pauline y yo pedimos y recibimos perdón. Qué gran alivio sentimos al ser perdonadas y estar seguras en sus brazos. Pauline y yo estamos eternamente agradecidas con los Bradshaw por aceptarnos y amarnos.

Aunque la tía Rita y el tío Harold nos dieron amor y seguridad, extrañábamos mucho a nuestros padres, en especial a nuestra querida mamá. Un día, la tía Rita puso al sol la ropa de invierno de mi mamá, que había estado guardada en un baúl de metal. Me envolví en el abrigo de mi mamá y le rogué a la tía Rita que no volviera a guardar la ropa de mi mamá.

Mis papás pensaban estar fuera solo seis meses, pero ese tiempo se extendió a dos años. Sus cartas llegaban en barco de manera esporádica después de muchos meses. Mis hermanas y yo guardábamos sus cartas bajo nuestras almohadas para leerlas una y otra vez.

Para entonces, la Segunda Guerra Mundial se había terminado. Mi mamá tenía problemas de salud, así que viajó desde la India a Inglaterra para recibir tratamiento médico, después llegó a Australia, donde se reunió con sus tres hijas. Mi papá nos alcanzó muchos meses después. Por fin, nuestra familia estaba unida de nuevo.

Capítulo 7

Nuevos Retos

Mi papá aceptó la invitación para ser pastor en una iglesia en Newcastle, en Nueva Gales del Sur, otra ciudad portuaria de Australia, en la costa opuesta a Adelaida, cerca de la ciudad de Sídney. Yo ya tenía ocho años. Los cinco vivíamos en unas habitaciones detrás del edificio de la iglesia.

Uno de los programas de alcance consistía en ayudar a los inmigrantes recién llegados de Polonia, Ucrania y Rusia. Mis papás abrían sus corazones y el edificio de la iglesia para cultos dominicales por la tarde para estos refugiados. Muchos de ellos habían escapado de sus países comunistas de origen, debido a la severa persecución por su fe inquebrantable en Jesucristo.

La transición desde Adelaida a Newcastle fue difícil para mis hermanas y para mí al intentar adaptarnos a la nueva escuela y hacer nuevos amigos. Para levantarnos el ánimo, mi mamá nos llevaba a la playa que quedaba cerca. La arena estaba negra por el polvo de carbón, pero mi mamá insistía en que la brisa salada del mar nos quitaría las telarañas de nuestra mente.

También nos llevaba al embarcadero, donde pescábamos con cañas sencillas. Los peces que atrapábamos eran pequeños e imposibles de deshuesar. Los marineros en los barcos anclados nos ofrecían monedas a cambio de cierta cantidad de estos pececitos. Molíamos los peces en una trituradora para hacer deliciosos medallones de pescado.

Un día, un miembro de la iglesia nos invitó a mis hermanas y a mí a ir a su granja. Nos sorprendió conocer a sus doce hijos. El último se llamaba Benjamín, como el doceavo hijo de Jacob en el Antiguo Testamento (Génesis 35). Nos regalaron un precioso cachorrito y huevos frescos.

Regresando a casa en el autobús, mis hermanas y yo nos sentamos en diferentes asientos. No estaban permitidos los animales en el autobús, así que mi hermana mayor, Joy, guardó al perrito llorón en el bolsillo de su vestido. Con mucho cuidado yo balanceaba los huevos en una bolsa de papel sobre mis piernas mientras tejía con un estambre blanco de angora. Pauline estaba atenta a las paradas. Cuando llegó el tiempo de bajar, jaló el cordón para avisarle al conductor.

Guardé rápido mi tejido, pero al hacerlo, algunos de los huevos que llevaba se rompieron, ensuciando mi vestido, el asiento y a la señora que venía sentada junto a mí. Joy y Pauline se bajaron del autobús, pero yo me tardé en salir, tratando de limpiar mi pegajoso desorden. Me horroricé al ver que el autobús avanzó de nuevo. Con solo ocho años, estaba sola en un autobús, rodeada de extraños.

De puntitas alcancé el cordón. En la siguiente parada, bajé con mi ropa sucia, los huevos rotos y mi tejido manchado. Ya era de noche. Aterrada, caminé eludiendo a los borrachos mientras me apresuraba a bajar por la calle a donde mis hermanas me estaban buscando, sin saber dónde estaba y por qué no me había bajado del autobús.

Caminamos muy juntas como apoyo moral, hasta que llegamos a casa. Corrí para entrar. En el momento en que vi a mi mamá, rompí en llanto, liberando todas mis emociones contenidas. El abrazo de mi mamá y la fragancia de su perfume favorito, *Eau-de-Cologne 4711*, me aseguraron que estaba a salvo y segura.

La ciudad portuaria de Newcastle era conocida por sus extensas zonas mineras. Un miembro de la iglesia que estaba a cargo de una de las minas más grandes, invitó a los jóvenes de la iglesia a una visita en la mina. Aunque yo era muy pequeña para ir con el grupo de jóvenes, me permitieron ir con mi mamá y mis hermanas.

Bajamos sobre las vías, en un vagón abierto hacia la oscura cueva donde observamos a los mineros con sus cascos con luz, excavando con destreza y cuidado. El jefe invitó a mi mamá a prenderle fuego a la dinamita para destapar las líneas de carbón en la mina. El proceso fue muy interesante, informativo y ensordecedor.

Habíamos vivido en Newcastle unos dos años cuando mi papá decidió que era tiempo de mudarnos a Melbourne, la capital de Victoria, el estado más sureño de Australia. Aunque no vivimos ahí mucho tiempo, esta mudanza marcó un cambio clave en mi vida. Había cumplido once años y estaba muy consciente de que era pecadora. De hecho, mi pecado era una carga muy pesada para mí.

En concreto, yo sabía que me había convertido en una ladrona. Todo comenzó cuando vivíamos con los Bradshaw en Adelaida. Mi tía Rita guardaba unos chocolates con forma de rana en un frasco grande de vidrio. Como ella no llevaba la cuenta, con frecuencia yo tomaba algunas ranas de chocolate para llevarme a la escuela. Yo sabía que eso estaba mal, porque no debíamos tomar cosas sin pedirlas.

Después, cuando vivimos en Newcastle, mi mamá a veces me mandaba a la tienda a comprar víveres. Cuando el tendero pesaba el azúcar o la harina, yo con cuidado agarraba dulces del mostrador. También robé monedas de la alcancía de Pauline para comprar dulces en la escuela.

Ahora, en nuestro nuevo hogar en Melbourne, hacía todo lo posible por no irme a la cama, porque sabía que no estaba lista para encontrarme con Jesús. Teníamos tres camas individuales en nuestra recámara, para las tres hermanas. Pegaba mi cama a la de Pauline, y levantaba sus cobijas para poderme agarrar de ella.

Yo sabía que ella amaba a Jesús, así que pensaba que si Jesús venía en la noche, yo podría irme al cielo con ella. Pero pronto me di cuenta de que una vez que estábamos dormidas, tanto Pauline como yo nos movíamos hacia el otro lado. Esto implicaba que ya no podría irme con Pauline, lo cual se añadía a mi temido dilema nocturno.

Una noche sentí que no podía más con la convicción del Espíritu Santo. Con pesar en mi corazón, fui a la habitación de mis papás. Con lágrimas les dije de golpe: —Necesito decirles algo importante. Soy una ladrona y necesito estar bien con el Señor.

—Hilda, el Señor te está esperando —me respondió mi mamá.

Confesé mis pecados y le pedí a Dios que me perdonara. Después mis papás y yo le dimos gracias a Dios juntos. El peso de la culpa se había ido. Me sentía libre como un pájaro.

¡Aún hoy, de continuo doy gracias a Jesucristo por ese inicio de una vida muy lejos de ser perfecta, pero llena de gracia y sin culpa!

La família Groves en Australia.

Capítulo 8

Invitación a los Estados Unidos

Poco después de habernos mudado a Melbourne, mi papá leyó reportajes en las revistas *Voice of Healing* (*Voz de Sanidad*) sobre cómo Dios estaba usando de forma única tanto en Estados Unidos como en todo el mundo, a la pareja de evangelistas estadounidenses T.L. y Daisy Osborn. Los artículos mencionaban que eran de Oklahoma, así que mi papá se preguntó si era posible que fuera la pareja joven que habían alentado mientras servían en Calcuta.

T. L. y Daisy Osborn se casaron en 1942 a los dieciocho y diecisiete años de edad. Después de un período de dos años como pastores itinerantes y evangelistas, sintieron el llamado de servir como misioneros en la India. Llegaron a la India al terminar la Segunda Guerra Mundial, pero se quedaron menos de un año.

Cuando mis papás los conocieron, tenían solamente veintiuno y veintidós años y recientemente habían enfrentado la pérdida de su primer bebé. No habían visto ningún fruto de sus esfuerzos evangelísticos. Desanimados y en duelo, habían decidido regresar a su país de origen y nunca volver a abandonarlo.

Los Osborn estaban en Calcuta esperando conseguir pasaje para subir a un barco de tropas de vuelta a Estados Unidos cuando mis padres fueron a visitarlos al pequeño y deteriorado hotel en el que se estaban hospedando. Esta reunión planeada por Dios cambió el corazón y el futuro de esta joven pareja.

Durante varias semanas, mientras esperaban su barco, los Osborn escucharon a mi papá predicar y enseñar en la iglesia de Calcuta y fueron testigos de cómo Dios transformó vidas y familias quebrantadas.

Como lo mencionó después T. L., el poder, la sabiduría y la solidez de la enseñanza de mi papá tuvo un efecto profundo y revolucionario en su propio espíritu. Los Osborn también estaban muy impresionados de que esta pareja misionera británica no aceptara salarios para misioneros, sino que vivieran por fe en la provisión de Dios. Esto tuvo gran influencia en el futuro de su propio ministerio.

Después de que T.L. y Daisy regresaran a los Estados Unidos, Dios continuó trabajando poderosamente en ellos, y con el tiempo se convirtieron en unos de los evangelistas pentecostales más conocidos en Norteamérica y alrededor del mundo. Décadas después, T.L. Osborn me escribió una carta concerniente a mis padres. Entre otras expresiones de gratitud, mencionó:

«Harold Groves fue el hombre que Dios utilizó para cambiar mi vida. Debido a que éramos evangelistas jóvenes y populares, nuestra organización nos envió a la India como misioneros sin ninguna preparación e incapaces de lidiar con las religiones antiguas de la India. Nuestros instrumentos musicales se aplastaron en el camino. Fracasamos miserablemente. Fue tu

precioso papá enseñando en Calcuta quien abrió mi espíritu a maravillarse en la coalición del Antiguo y Nuevo Testamento y de cómo Jesús era el tema entero de las Sagradas Escrituras. Tu precioso papá preparó mi espíritu para las visitas de Dios y la guía del Espíritu Santo en nuestras vidas para compartir de Cristo con el mundo... Harold Groves me mostró a Jesús en cada detalle. Además, [Harold e Hilda] nos amaron, se interesaron en nosotros, nos ayudaron y podría decir que nos sanaron».

Estoy muy agradecida con mi mamá y mi papá por haberle permitido a Dios que los usara para cambiar la trayectoria de la vida de una pareja misionera tan desanimada y joven. En ese entonces no pudieron haberse imaginado el gran papel que T.L. y Daisy desempeñarían en nuestra propia familia.

En 1950, solo cinco años después de que mis padres conocieran a los Osborn en Calcuta, T.L. y Daisy ya eran reconocidos evangelistas afiliados a la asociación Voice of Healing (Voz de Sanidad). La joven pareja que nunca quería abandonar su país de nuevo no solo estaba dirigiendo reuniones de avivamiento y cruzadas por todo Estados Unidos, sino que también estaba viajando a otros países como Jamaica y Cuba.

No solo estaban viniendo a Cristo incontables personas, sino que también estaban viendo muchas sanidades y milagros. De hecho, durante las siguientes dos décadas, los Osborn predicaron a millones de personas de más de 40 naciones, y su ministerio global continuó hasta que partieron con el Señor después de más de 60 años de ministerio.

En ese entonces, en 1950, los Osborn se dieron cuenta de que necesitaban ayuda con las multitudes que llenaban cada noche los estadios y las arenas al aire libre para escuchar de Dios. Recordando que Harold e Hilda Groves habían sido de tanta bendición para ellos en su temporada de duelo y desánimo en Calcuta, investigaron y encontraron nuestra dirección en Australia. Las cartas atravesaron el océano.

A finales de 1950, tan solo algunos meses después de que nos mudamos a Melbourne, mis papás nos preguntaron a Pauline y a mí si queríamos regresar durante un tiempo con la tía Rita y el tío Harold Bradshaw. Estábamos encantadas con esa posibilidad. Joy, quien tenía 15 años, ya era muy talentosa en la música, así que mis padres decidieron que viajaría con ellos para ayudarles tocando el piano y el órgano.

Durante el año y medio que siguió, mi mamá, mi papá y Joy se unieron al equipo de los Osborn para ministrar por todo Estados Unidos.

Pauline y yo estábamos felices de quedarnos de nuevo con los Bradshaw en Adelaida. Las dos asistimos a una escuela pública en el vecindario. Al recordar, vuelvo a estar muy agradecida con la tía Rita y el tío Harold por su amor y apoyo durante nuestros años de formación.

Capítulo 9

Viajes, Tiendas y Caravanas

Cuando mi papá, mi mamá y Joy regresaron a Australia en 1952, mi papá sintió a Dios llamándolo a plantar iglesias y a fortalecer congregaciones locales a lo largo de Australia. Compró una tienda grande para reuniones, 500 sillas de metal plegables, un órgano electrónico Hammond importado, una mesa para vender libros, una furgoneta en la cual transportar equipo, y una casa rodante de casi 16 pies (5 metros), en donde vivía nuestra familia de cinco personas.

Mi cama era un poco más pequeña que mi cuerpo y estaba entre la nevera y la litera inferior de Pauline. Joy dormía en la litera superior. Cuando viajábamos, mi papá manejaba la furgoneta, la cual jalaba la casa rodante, mientras mi mamá manejaba una camioneta de cajuela grande en donde íbamos las chicas. Todos trabajábamos juntos para bajar las sillas junto con el equipo e instalar la tienda.

Durante los servicios, Joy tocaba el órgano, mis padres compartían la Palabra de Dios y Joy y Pauline cantaban a dueto. No me unía a mis hermanas mayores porque me ganaba la risa. Mi responsabilidad era vender libros. Durante los siguientes años, nuestra familia organizó extensas campañas en las ciudades costeras del este de Australia, y muchos australianos hallaron libertad de culpa y de desolación al aceptar a Cristo como su Señor y Salvador.

Aunque sí tuvimos algunas aventuras. Viajar con dos vehículos, equipo y nuestra casa sobre ruedas era un reto continuo. Muy pocas personas vivían al interior de Australia, más allá de las ciudades costeras principales, así que las carreteras del campo tenían baches enormes.

Un día, mientras mi mamá maniobraba cuidadosamente nuestra camioneta alrededor de varios megahoyos, nos dimos cuenta de que más adelante había una casa rodante igual a la nuestra deambulando sola.

No solo se veía como la nuestra, ¡lo era! De alguna forma se había desconectado del enganche de la camioneta, precipitándose por la cerca de un granjero hacia la ventana de la cocina de su casa. La esposa del granjero estaba lavando los trastes cuando vio la casa rodante yendo hacia ella. Conmocionada, salió gritando. Más allá del daño, le preocupaba que alguien estuviera lastimado dentro de la caravana.

Disculpándose, mis padres ofrecieron pagar la reparación de la cerca. La esposa del granjero amablemente nos sirvió té caliente y panecillos mientras mi papá hacía una reparación provisional para enganchar la casa rodante de nuevo a la camioneta, lo cual funcionó hasta que llegamos a un taller para su reparación.

Para este momento, mis hermanas ya habían completado su educación, habiendo asistido a un total de diez escuelas diferentes con currículos distintos. Ya que ahora estábamos viajando constantemente, me inscribí en la Australian National Correspondence School (Escuela Nacional de Correspondencia Australiana), diseñada para los niños de la zona poco poblada de Australia que no tenían acceso a escuelas. Recibía y entregaba los trabajos escolares por correo.

Mi papá notó una gran necesidad de ministración en Sídney, la ciudad más grande de Australia. Vendió la tienda y el equipo, y compró una casa para que nosotras tres pudiéramos trabajar mientras ayudábamos a plantar dos iglesias en la periferia de los suburbios.

Durante los años después de la Segunda Guerra Mundial, el gobierno de Australia estaba ofreciendo atractivos incentivos a los inmigrantes del continente europeo, en particular para aumentar su escasa población y llenar las múltiples vacantes de empleo. Las iglesias que mis padres plantaron se llenaron de inmigrantes recién llegados, muchos de ellos con increíbles historias de persecución y dificultades.

A los catorce años, completé mi educación básica. Mi mamá también me enseñó taquigrafía y mecanografía, ya que estas herramientas de secretariado le habían provisto de trabajo bien remunerado en el Banco de Londres. Gracias a su motivación, mucha práctica y paciencia, pude encontrar un trabajo de secretaria en una compañía de contaduría cercana.

La posición definitivamente era de entrenamiento y formación práctica en el puesto de trabajo. Un día mi jefe me pidió *postear* los libros contables. Lo único que yo sabía sobre eso era que se enviaba algo por correo postal, así que, en vez de actualizar los libros contables, los envié a nuestra oficina central.

Al ir obteniendo experiencia y confianza, me ofrecieron una posición secretarial con un mayor salario en la Exide Battery Company (Compañía de baterías Exide) situada en la costa norte de Sídney. Tomaba dos trenes para llegar hasta mi nueva oficina. Un día, después del trabajo, corrí hacia la plataforma, ya que mi tren estaba a punto de irse.

Escuché el sonido del silbato mientras el tren arrancaba. Pensé que todavía podría saltar para entrar, así que me agarré del tubo de acero dentro del vagón en movimiento. Mientras el tren aumentaba la velocidad hacia un túnel bajo el puente Harbor en Sídney, no logré meter mi cuerpo completo. Una de mis piernas se quedó afuera, intentando entrar.

Por fortuna, alguien vio mi dilema y jaló la palanca de emergencia. El tren entero frenó abruptamente. Avergonzada, salté del tren, trepé de vuelta hacia la plataforma, y busqué un asiento en el cual tranquilizarme. Nunca más intenté saltar a un tren en movimiento. ¡Gracias a Dios por su protección!

Tenía 15 años cuando nuestros padres vendieron nuestra casa en Sídney para viajar de nuevo para ministrar. Durante los meses siguientes, mis dos hermanas y yo nos quedamos en una pensión. Un día, bajé a la lavandería para lavar algo de ropa. Un residente mayor comenzó a hacerme la plática. De repente me cargó y salió hacia su auto, el cual estaba estacionado cerca de ahí.

En ese momento apareció mi hermana Pauline. Alzando la voz, ordenó: «¡Baja a mi hermana!».

Su intervención me permitió zafarme del fuerte agarre del hombre. Siempre estaré agradecida con mi valiente y protectora hermana. No mucho después de esto, mi mamá expresó tajantemente que debíamos mudarnos a Inglaterra y conocer a nuestra familia extendida por primera vez.

Mi papá tenía una invitación desde hacía tiempo para pastorear la iglesia en Portsmouth, Inglaterra, donde había sido discipulado durante sus inicios como un joven de negocios cristiano. Mi papá aceptó la fuerte convicción de mi mamá y la invitación. A los 16 años, le dije adiós al continente que había sido mi hogar durante los últimos 13 años.

Capítulo 10

Adiós, Australia

Mis padres compraron el pasaje para los cinco en un barco llamado Iberia. El viaje hacia el norte por el Golfo de Adén, Mar Rojo, Canal de Suez, Mar Mediterráneo, después hacia arriba de la costa de Europa a Inglaterra tomaría una total de seis semanas. Varios amigos nuestros se reunieron en el muelle para vernos abordar y partir.

En ese tiempo, se acostumbraba que los pasajeros del barco lanzaran largas serpentinas multicolor de papel crepé a los que nos deseaban un buen viaje. Cuando el barco se alejaba, ambos lados se aferraban a los coloridos listones hasta que la distancia finalmente los hacía romperse. Para mí, esto simbolizaba que estábamos dejando parte de nuestros corazones en esa tierra australiana, al sur del hemisferio.

Disfrutamos de un buen tiempo de vacaciones en familia en el viaje, incluyendo paradas en numerosos puertos interesantes como el de Ceilán, ahora Sri Lanka, donde visitamos a amigos misioneros, y el Puerto Said, en Egipto, donde montamos camellos y compramos productos de piel. Al acercarnos a la isla de Malta, nuestro barco se ancló en mar abierto.

Mis hermanas y yo estábamos emocionadas de investigar esta isla donde el apóstol Pablo ministró, así que nos unimos a los demás pasajeros para descender las escaleras hacia pequeños botes que nos llevaron a la orilla. Deambulando por calles empedradas, admiramos muchos edificios de piedra, catedrales y palacios del siglo XVI.

Cuando terminamos de explorar, abordamos otro bote junto a algunos otros pasajeros y pagamos nuestro pasaje para regresar de nuevo al barco. Las olas se habían vuelto violentas y turbulentas, arrojando al pequeño bote de un lado a otro. El timonel esperó hasta que estuviéramos en el fuerte oleaje para pedirnos que pagáramos mucho más de lo que ya habíamos acordado.

Estábamos a su merced, desesperados por volver a nuestra casa flotante antes de que sonara la bocina anunciando su partida. Afortunadamente, logramos juntar suficiente dinero entre todos para satisfacer al timonel engañoso. Fue un gran alivio haber alcanzado el Iberia y subir a bordo.

Pasar por el estrecho de Gibraltar y ver la magnífica Roca de Gibraltar fue otro momento destacable. Después de seis semanas en alta mar, finalmente llegamos a Inglaterra. Mis padres nos habían contado muchas historias de su país natal a lo largo de los años.

Pero mis primeras impresiones fueron tan sombrías como la espesa niebla que había afuera. Edificios bombardeados, daños de incendios y otros tipos de devastación causados por la Segunda Guerra Mundial podían verse en todas partes, y escuchamos muchas historias desgarradoras de dolor y sufrimiento.

Pero no tardé mucho en comenzar a disfrutar la cultura inglesa, el paisaje pastoral junto con la pintoresca arquitectura, así como el conocer a nuestra familia extendida. Tanto mis abuelos paternos como los maternos ya habían fallecido, pero conocimos a incontables tías, tíos y primos.

Una prima, Vera Gee, estuvo casada con el hijo del Reverendo Donald Gee, un reconocido maestro pentecostal de la Biblia en Inglaterra y autor de la historia popular del movimiento pentecostal *Wind and Flame* (*Viento y Llama*).

Mi papá compró una casa para la familia y mis hermanas y yo pronto encontramos trabajo. Por un corto período de tiempo, mi papá pastoreó la congregación de Portsmouth, donde había crecido espiritualmente después de haberse encontrado con Cristo.

Pero no habíamos estado en Inglaterra mucho tiempo cuando T. L. y Daisy Osborn invitaron a mis padres a ministrar con ellos en conferencias evangelísticas, esta vez en Japón y Taiwán. Después de las conferencias, mis padres regresaron a los compromisos del ministerio en Inglaterra. Los Osborn hicieron una parada para visitarnos de camino a los Estados Unidos. Mis hermanas y yo disfrutamos conversar con esta dinámica pareja.

T. L. nos insistió: «Chicas, necesitan venir a los Estados Unidos. Ayudaremos patrocinándolas. Rentaremos un departamento y pueden trabajar en nuestras oficinas centrales en Tulsa, Oklahoma. Sus padres pueden ayudarnos en el ministerio de conferencias, en la base fuera de Inglaterra».

Encantadas con la idea, las tres aplicamos para las visas de residencia estadounidense y fuimos puestas en lista de espera. Aproximadamente un año después recibimos nuestras visas. Renunciando a nuestros puestos de trabajo, nos despedimos de nuestra familia extendida y abordamos un avión con dirección a Nueva York. Íbamos a aprender una nueva cultura, nueva moneda, nueva comida, nuevas formas de manejar (del lado derecho de la calle) y un nuevo dialecto del inglés.

Mis hermanas y yo llegamos a Nueva York el 8 de marzo de 1957. Mi hermana Joy tenía 21 años, Pauline 20 y yo 17. Al llegar, descubrimos que nuestro vuelo de conexión a Tulsa, Oklahoma, había sido cancelado. El siguiente vuelo salía hasta el día siguiente, así que tomamos un taxi a un hotel cercano.

Pagamos la cuota, examinando con cuidado cada dólar de esta nueva moneda, mientras un hombre uniformado amablemente tomó nuestras tres maletas. Acompañándonos a nuestro cuarto, dejó las maletas y extendió la mano.

Cada una de nosotras le estrechamos la mano y le dijimos: «Dios lo bendiga Señor, ¡muchas gracias!».

Mucho más tarde nos enteramos de que extendió su mano esperando propina, una costumbre completamente desconocida para nosotras. Esa fue la primera de muchas experiencias extrañas en este nuevo y raro país. Cuando finalmente llegamos a Tulsa, la familia Osborn nos llevó a un restaurante, donde pidieron pollo frito, una delicia para nosotras.

Nos horrorizamos cuando levantaron sus piezas de pollo con las manos y procedieron a comérselas. Ellos sin duda también pensaron que éramos raras mientras luchábamos por comernos el pollo con tenedores y cuchillos.

Dejamos las pocas posesiones que habíamos traído en el departamento amueblado que los Osborn habían rentado para nosotras, después caminamos al supermercado más cercano para comprar alimentos básicos, incluyendo un paquete de té y jugo de naranja. El joven que nos atendió en el supermercado nos ayudó a cargarlo hasta nuestro departamento.

Nos sorprendimos cuando nos preguntó: «¿Dónde está el bebé?».

Una vez que dejamos claro que no estábamos casadas, nos explicó: «Asumí que tenían un bebé, porque compraron jugo de naranja para bebés».

Pensamos que la botellita de jugo era extracto de naranja para ser disuelto en agua. También nos sorprendimos cuando abrimos el paquete de té y encontramos solo unas pocas bolsas individuales de té, en lugar de una caja llena de hojas de té. Rompí varias bolsitas de té para juntar suficientes hojas de té para una sola tetera.

Una vez que cobramos nuestro primer cheque, decidimos tomar un camión a la ciudad para ir de compras. Localizamos la parada del camión, pero esperamos en el lado equivocado de la calle. ¡No en el lado derecho!

Eventualmente, comenzamos a ubicarnos y encontramos que los precios eran más baratos en comparación con los de Inglaterra. Después de seis meses, compramos nuestro primer auto. Pauline era nuestra intrépida chofer manejando con valentía del lado «incorrecto» de la calle.

Ahora que teníamos un medio de transporte, estábamos ansiosas por conocer otra novedad de la cultura estadounidense: el «auto-restaurante». Revisando el menú en una pantalla, decidimos probar la pizza. Hablamos con lo que pensamos que era un teléfono, pero resultó ser un sistema de calefacción. Una chica con uniforme salió a mostrarnos cómo ordenar. Regresando a su puesto, dijo: —¡Ordenen por favor! ¡Ordenen por favor!

—Nos gustaría una pizza—, le dijimos, pronunciando la palabra como se leía fonéticamente, con una «i» corta y una «z» sibilante.

—¿Perdón? —dijo interrumpiéndonos—. ¿Qué van a querer?

—Una pi-za —le repetimos.

—Lo siento, no creo que tengamos eso.

—¡Claro que sí! La estamos viendo en el menú de la pantalla.

—Entonces por favor deletréenme lo que están ordenando —respondió la chica.

Con lentitud, deletreamos «p i z a», pero después nos dimos cuenta de que la zeta para nosotros tenía un sonido diferente.

La chica seguía sin tener idea de lo que queríamos. Por fin nos dimos cuenta de que no solo habíamos pronunciado mal la palabra pizza, sino que también la habíamos deletreado a la manera inglesa con *zed* y no *zi*. Rindiéndonos, nos fuimos sin comida. Al día siguiente le contamos a nuestros compañeros de trabajo sobre nuestra experiencia fallida en el auto-restaurante. Se rieron, explicándonos que pizza se pronuncia como «pitza», no «piza». ¡Otra lección aprendida!

Después de haber trabajado varios meses en las oficinas centrales del ministerio de los Osborn, T. L. y Daisy me invitaron a viajar con ellos a través de los Estados Unidos como su secretaria y reportera para la revista *Faith Digest* (*Compendio de Fe*). Un día, cuando estaba pidiendo comida en un restaurante rural de Texas, la mesera señaló mi acento.

—¿Cuánto tiempo has estado en Estados Unidos? —preguntó.

—Unos seis meses —le respondí.

—¿En serio? —exclamó—. Hablas muy bien el inglés. ¡Yo nunca podría aprender otro idioma tan rápido!

Ni siquiera intenté explicarle.

Los Osborn recientemente habían celebrado cultos en Nigeria, África, donde documentaron en video un cruel ritual que involucraba a un brujo cortando varias líneas en la piel de un recién nacido para después frotarle carbón en la herida y así crear un patrón de cicatrices faciales que los aldeanos consideraban parte de su identidad tribal, así como protección de los malos espíritus.

El propósito detrás del documental era mostrar de forma visual el cambio drástico que Cristo hace en una vida, familia y comunidad. Ayudé editando las grabaciones y me fue difícil dormir en la noche después de haber visto las escenas gráficas y el llanto agonizante tanto de la madre como del bebé.

El documental terminado se tituló *Black Gold* (*Oro Negro*). Señalaba el valor de cada ser humano y se estrenó en varias ciudades principales del país. No estaba preparada para la reacción negativa de muchos de los espectadores.

«¡En Estados Unidos somos personas educadas! ¡No necesitamos ver este tipo de violencia!».

Yo escuché esas reacciones y sentimientos similares de forma habitual en todos lados. Mi corazón de 18 años reaccionó con enojo. Después de todo, esas atrocidades eran eventos cotidianos en partes de nuestro mundo. Siendo así ¿no deberíamos ser conscientes del valor de cada ser humano creado a la imagen de Dios y alcanzarlos con las Buenas Nuevas de Jesucristo?

Me asombraban los muchos paisajes, culturas y actitudes contrastantes a lo largo del vasto país de los Estados Unidos. Había sido muy joven cuando viví en la India colonial como para ser consciente de la discriminación racial ahí y no había sido expuesta al racismo en Australia.

En algunas ciudades sureñas de Estados Unidos, los organizadores locales planearon que primero una audiencia blanca escuchara el mensaje de los Osborn. Solo entonces se les permitiría a las personas de color entrar al estadio o a alguna otra sede de la conferencia.

Con corazones compasivos por todas las culturas y colores, T. L. y Daisy insistieron en ministrar primero a la multitud de color fuera del recinto y después a los blancos adentro. Me encantaba ver cómo favorecían de manera pública y privada a aquellos que no eran respetados y eran maltratados.

Capítulo 11

Instituto Bíblico Eastern

Años antes, mis padres habían sido invitados por el presidente del Eastern Bible Institute (Instituto Bíblico Eastern), ahora University of Valley Forge (Universidad de Valley Forge), una institución académica de las Asambleas de Dios cerca de Filadelfia, en el sureste de Pensilvania, a ser conferencistas en su semana de renovación espiritual.

Más tarde, mi mamá nos dijo a sus tres hijas: «Si Dios en algún momento las guía a ir a la universidad, su papá y yo esperamos que sea el Instituto Bíblico Eastern».

Después de dos años de cumplir con nuestras obligaciones con los Osborn, quienes muy generosamente nos patrocinaron para que viniéramos a Estados Unidos, mi hermana y yo estábamos listas para otro capítulo de nuestras vidas. Mi hermana mayor, Joy, se había casado con un apuesto ministro ucraniano que había conocido en Australia y juntos estaban pastoreando una congregación ucraniana en Canadá.

Ahora yo tenía 19 años, y mi hermana Pauline tenía 21. Aplicamos para las becas para hijos de misioneros en el Instituto Bíblico Eastern y fuimos aceptadas en el primer año de universidad, de 1958 a 1959. Al llegar a Pensilvania, me acordé de

Inglaterra, con sus casas perfectamente alineadas y sus residentes hablando con un acento muy diferente del de Oklahoma.

Pauline y yo habíamos estado fuera de la escuela, trabajando como secretarias por varios años, así que nos preocupaba el poder calificar académicamente. Pero nuestros temores disminuyeron al haber aprobado con facilidad los exámenes de inglés.

Los profesores pasaron por alto nuestra ortografía británica y los estudiantes fueron amigables y amables con nosotras. Pauline y yo trabajamos como secretarias de la facultad, y disfrutábamos todo sobre este nuevo mundo: estudiar la Biblia, orar a solas y en grupos, ser retadas en los cultos nocturnos de misiones cada viernes, desarrollar amistades duraderas y divertirnos.

Hasta aquí, yo ya había salido en citas con varios jóvenes. De hecho, al mirar atrás, admito que era un poco coqueta. Un día, mientras estaba en la fila para entrar al comedor de la escuela, noté a un joven que parecía estar triste. Iniciando la conversación, descubrí que no estaba triste, solo que su personalidad era seria y tenía un fuerte compromiso de algún día servir a Dios en África.

El deseo de mi corazón era alcanzar a aquellos que no tenían acceso a las Buenas Nuevas de Dios, así que parecía lógico que este joven fuera el plan de Dios para mí. Comenzamos a salir. Más tarde, cuando mis padres nos visitaron a Pauline y a mí en la escuela, les presenté al joven. Después de la conversación, mi papá susurró: «Hilda, si esperas, Dios tiene a alguien mejor para ti».

Confié en el discernimiento de mi papá. También concluí que si mi papá tenía razón de que Dios tenía a alguien mejor para mí, entonces Dios también tenía a alguien mejor para este joven.

Rompimos nuestra relación. Después se casó con una de nuestras compañeras de clase, y amaron y sirvieron al Señor juntos. Su esposa y él continúan siendo buenos amigos nuestros hasta el día de hoy.

En una visita al Instituto Bíblico Eastern, mis padres estaban viviendo en su camioneta mientras ministraban a lo largo de los Estados Unidos y no tenían una casa propia. Habían hecho una parada mientras manejaban hacia la escuela para comprar estampillas en una oficina postal en el centro de Filadelfia. Mientras estaban en la oficina postal, unos ladrones entraron a su auto y les robaron su ropa, máquina de escribir y herramientas del ministerio, así como otros artículos personales.

Al llegar a la escuela, mis padres compartieron las tristes noticias con Pauline y conmigo. Cuando entré a mi dormitorio, le mencioné brevemente la pérdida a Esther, mi compañera de cuarto. Ella estaba de camino a una junta del comité de misiones dirigida por Bob Mumford, un líder en el Instituto Bíblico Eastern, quien en décadas posteriores sería conocido como un maestro sobresaliente de la Biblia y autor cristiano.

El comité conocía a mis padres ya que habían dado conferencias en la capilla de misiones del Instituto Bíblico Eastern, así que Esther compartió con ellos lo que había sucedido.

Los estudiantes querían ayudar a mis papás, pero no tenían idea del valor de su pérdida. Juntos, oraron para que Dios los guiara en la cantidad que debían dar a los Groves. En varias tiras de papel, cada uno escribió una cantidad. Cuando el tesorero revisó los papelitos, descubrieron que los cinco habían escrito la misma cantidad de quinientos dólares.

Bob Mumford comentó: «¡Esta es la primera vez que experimento que Dios le habla a un comité!».

Mis padres se fueron de la escuela dando gracias a Dios por proveer los recursos para reemplazar sus necesidades básicas.

Mi hermana Pauline y yo disfrutamos mucho nuestros estudios y la vida en los dormitorios en el Instituto Bíblico Eastern. Durante este tiempo, descubrí el talento de escribir mientras preparaba una serie de devocionales de los libros poéticos del Antiguo Testamento como una tarea de la clase de inglés.

Otro tesoro de mi estadía en el Instituto Bíblico Eastern fue el haber desarrollado amistades con otros estudiantes que han seguido enriqueciendo mi vida a lo largo de los años.

Uno de esos estudiantes fue mi compañero de clases, Don Wilkerson. Su hermano mayor, David, fue reconocido por iniciar Teen Challenge (Desafío Juvenil), un ministerio para aquellos que buscan libertad de problemas que controlan su vida.

También fundó la Times Square Church (Iglesia de Times Square), en Nueva York. David había sentido el llamado de Dios para dejar su iglesia rural en Pensilvania y manejar a Nueva York para compartir las Buenas Nuevas con líderes de pandillas de adolescentes.

Cuando en la prensa vimos fotos de este predicador del campo, con la Biblia en mano, apelando en la corte a favor de estos líderes de pandillas, muchos estudiantes del Instituto Bíblico Eastern pensamos que el amor de David por estos jóvenes convictos sobrepasaba la sabiduría, avergonzando a Jesucristo.

Estábamos completamente equivocados. El amoroso testimonio de David, junto con sus oraciones se convirtieron en la plataforma para ganarse la confianza de estos líderes de pandillas y para poder compartirles el poder transformador de Cristo.

La historia sobre cómo David Wilkerson guió a Cristo a los conflictivos líderes de pandilla Nicki Cruz y Victor Torres, unos de los mejores evangelistas cristianos de hoy, fue contada en el exitoso libro y la película *The Cross and the Switchblade* (*La Cruz y el Puñal*). Años más tarde, mi esposo Bill y yo fuimos a apoyar este efectivo ministerio desde su centro de entrenamiento inicial en Rehrersburg, Pensilvania, así como en Latinoamérica.

Otro compañero de clases llamado Ed había soportado múltiples experiencias negativas en casas de acogimiento familiar que marcaron su vida, hasta que encontró esperanza y salvación en Cristo. Un día, mientras Ed era estudiante en el Instituto Bíblico Eastern, estaba caminando hacia el centro de Filadelfia cuando escuchó música *gospel* proveniente de un hotel.

Entrando, siguió la música hasta un salón grande donde había personas sentadas en un círculo alrededor de una pequeña mesa donde una mujer estaba sentada con una bola de cristal. Estaban cantando coros cristianos, pero el nombre de Jesús estaba siendo reemplazado por Divino Padre.

Divino Padre era un líder espiritual afroamericano, quien aseguraba ser Dios. Con base en Filadelfia, este culto estaba en la cumbre durante los cincuentas y mitad de los sesentas. Los estudiantes del Instituto Bíblico Eastern habían sido advertidos sobre este falso maestro y tenían cuidado de no asistir a ninguna de sus reuniones. Pero la curiosidad de Ed nubló su cautela, uniéndose al círculo.

Utilizando la bola de cristal, la adivina compartió detalles pasados y futuros de cada uno de los escuchas. Ed se sintió cada vez más incómodo con la idea de que ella pudiera compartir su pasado traumático con todos los que estaban en el lugar. Pero cuando la adivina llegó a Ed, lo miró, después vio en la bola de cristal, y vaciló.

Le preguntó: «¿Por qué estás aquí? ¿Quién eres?».

Cuando Ed no respondió, le dijo en voz baja: «Señor, usualmente las vidas de las personas son transparentes para mí. Esto nunca me había pasado, pero todo lo que veo en usted es una mancha roja».

Ed saltó de su asiento e inmediatamente levantó sus manos en el aire mientras declaraba: «¡Gracias Jesús! ¡Tu sangre me limpia de todo pecado!».

Cuando Ed volvió a la escuela, compartió su experiencia con mi hermana y conmigo. Juntos confirmamos el poder de la sangre preciosa derramada por Cristo para darnos vida eterna y abundante. Ed nunca volvió a ese grupo, y con el tiempo se convirtió en un líder espiritual que bendijo a incontables personas.

Otro compañero de clases que se convirtió en un amigo duradero fue Don Kroah, quien junto con mi esposo Bill formó parte del Kingsmen Quartet (Cuarteto de los Kingsmen), que representaba al Instituto Bíblico Eastern en campamentos e iglesias a lo largo del este de los Estados Unidos.

La radio siempre le había fascinado a Don. Después de graduarse del Instituto Bíblico Eastern, conjugó el ministerio pastoral con un ministerio en la radio cristiana. Esto dio lugar al popular *Don Kroah Show* (*Programa de Don Kroah*), el cual ha recibido muchos premios de radiodifusión.

También fundó Reach Africa Now Inc. (Alcanza a África Ahora), para ayudar a preparar a pastores africanos y construir instalaciones médicas y educativas en África. Décadas después, cuando me convertí en profesora en mi alma máter, ahora Universidad de Valley Forge, tuve el privilegio de que Don compartiera en mis clases de comunicación intercultural sobre cómo Dios cumplió su sueño de niño de alcanzar a las personas a través de la radio.

El verano después de nuestro primer año en la universidad, Pauline y yo no teníamos dónde vivir ya que nuestros padres no tenían una casa y viajaban en el ministerio de tiempo completo. Una pareja en una iglesia donde mis padres habían ministrado escuchó sobre nuestra necesidad y nos invitaron a vivir con ellos durante las vacaciones de verano.

Pauline y yo encontramos trabajo. Un día, el Cuarteto de los Kingsmen liderado por el Rev. Robert Krempels cantó en esa iglesia. Después del servicio, oraron para que Dios proveyera las finanzas para mi hermana y para mí para que volviéramos a la escuela. Dios respondió esa oración pero diferente a como yo lo esperaba.

Pauline me dijo: «Hilda, tú regresa a la escuela. Yo seguiré trabajando para ayudarte con tus gastos»

Capítulo 12

Gigante Físico y Espiritual

De todos los amigos que Dios trajo a mi vida en el Instituto Bíblico Eastern, uno de ellos sobresalió de entre todos. Fue una amistad profunda que cambiaría el curso de mi vida. Al comienzo de mi segundo año académico en el Instituto Bíblico Eastern, me asignaron como secretaria del editor del anuario, un joven alto y delgado llamado Bill Bradney.

Tiempo después, me quedé atónita cuando un compañero de clase y buen amigo me informó que Bill estaba interesado en mí. Aunque Bill estaba en nuestra clase, lo veía como un gigante física y espiritualmente ya que dirigía el grupo de oración de Latinoamérica, cantaba como barítono en el Cuarteto de los Kingsmen y, en general, era muy admirado y popular.

También era dos años mayor que yo, ya que no había comenzado sus estudios del Instituto Bíblico Eastern justo al salir de la preparatoria. No sentía que merecía el interés de un hombre tan respetado.

Pero Bill y yo pronto nos hicimos buenos amigos mientras trabajábamos juntos en el anuario. Aunque él era uno de los estudiantes más altos y yo una de las más bajitas de la escuela, nuestros corazones se conectaron. En nuestra primera cita oficial, supe que algún día sería su esposa.

Bill era el hijo mayor de una familia muy trabajadora y temerosa de Dios en el oeste de Pensilvania, donde su padre trabajaba en el ferrocarril como conductor de grúa.

Tres días después de su nacimiento, sus padres llevaron a su bebé al otro lado de la calle a una pequeña iglesia llamada Gospel Tabernacle (Tabernáculo del Evangelio). No había un servicio programado, pero la joven pareja subió a la plataforma y colocó al bebé Bill en el altar, dedicando a su hijo al servicio de Dios.

Bill creció con muchos recuerdos felices de su infancia, incluidos eventos que demostraron claramente que Dios lo estaba cuidando. Los tres hijos de Bradney tenían una gata negra llamada Boots a la que amaban mucho. También tenían un vecino anciano que detestaba a los gatos. Boots se enfermaba muy seguido, y un día la familia descubrió que el vecino le había estado dando veneno a Boots.

No queriendo causar una ruptura con este vecino, el papá Bradney convocó una reunión familiar. Había hablado con un compañero de trabajo del ferrocarril que vivía en una granja y había aceptado cuidar a Boots. Con pesar en su corazón, toda la familia estuvo de acuerdo en que Boots estaría más segura y feliz viviendo en el granero de este compañero de trabajo. Pasaron los meses, pero Boots no fue olvidada.

Después, en la víspera de Navidad, cuando Bill tenía doce años, su hermano Norm diez y su hermana Kathy seis, la familia se reunió en la sala de estar alrededor de un árbol de Navidad brillantemente iluminado. Los regalos debajo del árbol esperaban ser desenvueltos a la mañana siguiente. Adentro todo era cálido y acogedor, pero afuera una cegadora tormenta de nieve golpeaba contra su casa de madera. De repente, la puerta principal sonó con fuerza.

«Billy, por favor, revisa que la puerta principal esté bien cerrada», pidió el papá Bradney.

Cuando Bill abrió la puerta, vio a Boots sobre el escalón de la entrada. Tenía frío y estaba mojada por la nieve, pero sana y regordeta. Los Bradney no tenían idea de cómo había desafiado una caminata de 14 millas (22.5 km) en medio de una ventisca de invierno para regresar con su amada familia.

¿Sabía de alguna manera que el vecino poco amable había fallecido y que los nuevos vecinos eran una familia amante de los animales? Los hermanos Bradney todavía recuerdan el regreso de Boots como el mejor regalo de Navidad de la infancia que Dios les envió.

Al año siguiente, Bill, de trece años, participó en una competencia de carreras de Boy Scouts a lo largo de un camino rural. No contento con el campamento de Boy Scouts cercano, un granjero local malhumorado había tendido un alambre de púas en la carretera. Concentrado en el terreno desigual, Bill no vio el peligro y corrió a toda velocidad hacia el alambre. Bill se estrelló contra el suelo, las afiladas púas le desgarraron la cara y sus dientes frontales superiores se rompieron.

El líder *Scout* llevó a Bill a un médico cercano y aconsejó a sus padres. Siguieron horas de cirugía. Cuando regresó a casa con la cara vendada, su padre reunió a la familia para conversar. Se había aconsejado a la familia que tomara acciones legales contra el granjero, pero el papá Bradney decidió que, en vez de eso, orarían.

Primero, dieron gracias porque el alambre de púas no había cortado ninguna arteria principal en el cuello de Bill. Luego oraron por sanidad. Si Dios sanaba el rostro de Bill sin cicatrices visibles, la familia no emprendería acciones legales, pero permitiría que las autoridades locales se ocuparan de las acciones ilegales del granjero.

Qué celebración cuando el médico le quitó los vendajes y descubrió una piel nueva y sana. Se hicieron dentaduras postizas para reemplazar los dientes frontales superiores de Bill, y las cicatrices restantes solo eran visibles para los dentistas. Gracias, papá Bradney, por mostrarnos que confiar en Dios es el mejor camino.

En la secundaria, Bill fue un estudiante de honor. También le gustaba jugar baloncesto. Él y su hermano Norm ganaban dinero de bolsillo recogiendo moras silvestres, cortando el césped y repartiendo periódicos. Cuando Bill cumplió quince años, su padre le dio un periódico que destacaba tres anuncios de vacantes: «Billy, echa un vistazo a estas oportunidades de trabajo».

Bill encontró trabajo en una tintorería después de la escuela y los sábados. Su padre además le instruyó: «El diez por ciento de tu salario le pertenece a Dios, el cincuenta por ciento es para tu mantenimiento y el cuarenta por ciento es para ti».

Bill pensó que esto era injusto al principio, pero luego agradeció que su padre ahorrara el cincuenta por ciento de su ingreso para ayudar a financiar los futuros gastos universitarios de su hijo. Bill finalmente dejó el trabajo de tintorería para vender zapatos al por menor, luego se le ofreció un puesto bien remunerado en el departamento de contabilidad de IBM.

Desde niño, Bill tuvo un profundo deseo de conocer a Dios. Mientras que la familia Bradney asistía a una iglesia metodista, Bill a menudo asistía solo a una iglesia bautista cercana los domingos por la noche. Después de una mudanza familiar, toda la familia asistió a una iglesia bautista local y Bill disfrutó jugando en su equipo de baloncesto juvenil.

Pero una vez que estuvo en la preparatoria, la presión de los compañeros enfrió el hambre espiritual de Bill mientras trataba de mezclarse con sus amigos de la escuela que iban a fiestas. Dicho esto, cuando los amigos le ofrecieron un cigarrillo a Bill, recordó vívidamente su decisión a los diez años cuando un orador invitado compartió los peligros de fumar en su clase de escuela dominical.

El orador le había dado a cada estudiante una tarjeta para firmar que decía: «Con la ayuda de Dios, no voy a fumar y contaminar mi cuerpo, el cual Dios creó para su gloria». Bill había firmado la tarjeta y se mantuvo fiel a esa promesa.

Bill tenía diecisiete años cuando uno de los compañeros de trabajo de su padre invitó a los Bradney a reuniones de avivamiento en su ciudad natal. El mensaje del predicador, «Ascensor al infierno», describió la perdición eterna para aquellos que rechazan el regalo de salvación de Dios. Bill estaba profundamente convencido de haberse desviado de su antiguo caminar cercano con Dios.

Cuando se le dio una invitación para hacer las paces con Dios, Bill corrió al altar. Su mamá, papá, hermano y hermana se unieron a él y toda la familia experimentó una transformación de vida al arrodillarse en sumisión al señorío de Cristo. Esa noche, Bill le prometió a Dios que lo amaría y lo serviría todos los días de su vida.

A partir de ese momento, toda la familia creció espiritualmente. Debajo de la foto del anuario de graduación de la preparatoria de Bill, sus compañeros de clase lo describieron como un hombre tímido y de pocas palabras. Pero a medida que Bill fue madurando en su fe, fue elegido líder del grupo de jóvenes de su iglesia.

Sus cualidades de liderazgo se desarrollaron y quería servir a Dios dondequiera que Él lo guiara. Cuando un nuevo pastor llegó a su iglesia, se presentó con Bill y le dijo: «Joven, Dios tiene su mano en tu vida para el servicio de tiempo completo. Deberías asistir a la Escuela Bíblica para prepararte».

Bill estaba agradecido y se sentía honrado de que Dios lo llamara. Renunció a su trabajo en IBM y se inscribió en la clase de primer año de 1957 a 1958 en el Instituto Bíblico Eastern. IBM era una empresa en auge y Bill era un empleado valioso, por lo que anticipó que su supervisor trataría de disuadirlo de que se fuera. En cambio, su supervisor felicitó a Bill por su decisión de invertir su vida en servir a los demás y le dio a Bill un cheque considerable para ayudarlo a pagar sus gastos universitarios.

Capítulo 13

El Equipo Hil-Billy

Antes de venir al Instituto Bíblico Eastern, Bill ya había orado a Dios por su futura esposa, anotando una lista de las características que quería en ella. También se comprometió a reservar su primer beso para la mujer con la que se casaría.

Una vez en el Instituto Bíblico Eastern, Bill se adaptó rápidamente a la vida del campus, disfrutando el estudio de la Biblia, los nuevos amigos y las oportunidades para servir (incluyendo la dirección del grupo de oración para Latinoamérica), ayudando a organizar las capillas misioneras de los viernes por la noche, editando el anuario y cantando con el Cuarteto de los Kingsmen.

También trabajaba medio tiempo en una fábrica de muebles cercana. En mi segundo año de estudios, mi relación con Bill se había convertido en una fuerte amistad, ya que compartíamos los mismos objetivos y la voluntad de obedecer a Dios donde fuera, cuando fuera y con quien fuera.

Durante las siguientes vacaciones de primavera, la familia de Bill me invitó a visitar su casa. Bill le había comprado un auto a un compañero de clase por cincuenta dólares. Manejando por Pensilvania, experimenté mi primera fuerte tormenta de nieve. El cofre (capote) del auto voló frente a nosotros. Afortunadamente, no chocamos y Bill encontró una percha de metal para sujetar el cofre (capote) en su lugar.

En su casa, los maravillosos padres y hermanos de Bill me dieron una cálida bienvenida. Su hermana Kathy le dijo a Bill: «Hermano, si no te casas con esta chica, ¡renegaré de ti!».

Eso no fue necesario, ya que para el final de la visita, Bill me había propuesto matrimonio, seguido de nuestro primer beso. Estábamos cada vez más enamorados y andábamos sobre las nubes al pensar y soñar con un futuro juntos.

Durante su tiempo de gira ministerial por el este de Estados Unidos, mis padres plantaron una iglesia en Shillington, Pensilvania.

Todavía no tenían casa propia, así que cuando terminé mi segundo año en el Instituto Bíblico Eastern, dejé la escuela para ayudarlos en el ministerio y a remodelar un salón de ladrillos en la propiedad de la iglesia para que fuera útil como casa parroquial y un pequeño departamento para evangelistas y misioneros itinerantes. También trabajé medio tiempo en una agencia de seguros.

Durante la construcción, mi papá, mi mamá y yo acampamos en el sótano de la iglesia. Una mañana al despertar, encontramos que el piso estaba inundado debido a un fuerte aguacero. Sin embargo, a pesar de esas aventuras, la iglesia creció y Dios bendijo el ministerio de mis padres.

Había soñado con comprometerme de manera formal al cumplir los 21 años. Bill ya se había graduado, ya que el Instituto Bíblico Eastern era un programa de tres años, pero ya estaba comprometido con la gira de verano del Cuarteto de los Kingsmen.

Yo no sabía que él ya había comprado mi anillo de compromiso y lo llevaba en secreto durante la gira. Su último concierto se llevó a cabo el día de mi cumpleaños. Alrededor de la medianoche, Bill llegó de su último compromiso de canto a nuestra iglesia, llevando su tesoro.

Para entonces ya llevábamos un año de cortejo. La atmósfera oscura y siniestra del viejo sótano de la iglesia no nos preocupó cuando deslizó su anillo en mi dedo, sellando oficialmente nuestro compromiso a una relación de por vida. Mi sueño se había cumplido en mi cumpleaños número veintiuno y el equipo Hil-Billy de Dios (Hilda y Bill), ahora era oficial.

Aunque estaba encantada de casarme con Bill, no quería una boda en la iglesia con mucha gente mirándome. La razón se remontaba a mi infancia, cuando mi papá nos pidió a sus tres hermosas niñas que cantáramos «He hallado en Cristo plena salvación» en los cultos evangelísticos.

Ya he mencionado mi vergonzoso problema con la risa nerviosa. Aunque mis hermanas y yo comenzamos la canción como un trío, terminó como un dúo después de que comencé a reírme incontrolablemente y tuve que sentarme con el rostro rojo de vergüenza.

Hasta la edad adulta seguí con ese problema cada vez que hablaba en público. Por eso prefería una celebración familiar tranquila e íntima para mi boda. Pero mis padres habían hecho planes para regresar a ministrar a la India después de la boda y Bill había sido seleccionado para reemplazarlos como pastor de la iglesia recién plantada en Shillington. Sabía que la congregación esperaría que su nuevo pastor y su esposa se casaran por la iglesia, así que acepté.

Me reí durante todo el ensayo de la boda, totalmente avergonzada de mí misma. Antes de acostarme esa noche, oré: «Amado Jesús, quiero que recibas honor y gloria en nuestra ceremonia de boda, especialmente porque es posible que muchos de los asistentes no te conozcan aún. Por favor, Jesús, ayúdame a no reírme».

Todos los participantes de la boda, junto con mis padres, oraron antes de dejar la casa parroquial para dirigirse al antiguo edificio tradicional de la iglesia donde se llevaría a cabo la ceremonia de la boda. Cuando entré al santuario con sus hermosos vitrales, mi hermana Joy tocaba el ornamentado órgano tubular mientras Bill me cantaba una canción de amor: «¡Porque eres mía!».

Dios respondió a nuestra oración porque no tuve la tentación de reírme ni estaba consciente de las miradas de los invitados. Mientras escuchaba la hermosa voz de barítono de mi novio, me sentí sumergida en la sagrada presencia de Dios.

Mi padre y el pastor de la iglesia de Bill dirigieron la ceremonia nupcial. Cuando Bill y yo nos arrodillamos ante el altar, las majestuosas notas de «El Padre Nuestro» resonaron en todo el santuario. Poniendo sus manos sobre nuestros hombros, mi papá en voz baja pero muy clara habló palabras proféticas sobre nosotros: «Si son fieles al Señor, Él los usará de una manera única para bendecir a multitudes en misiones».

Honrados, Bill y yo respondimos: «¡Amén, que así sea!».

Esas fueron palabras inolvidables de parte de Dios. Después de la ceremonia, nos reunimos todos en el sótano de la iglesia que había sido nuestro hogar durante la construcción, la cual habíamos pintado el día antes de la boda. Familiares, amigos y miembros de la iglesia trajeron postres y ponche de frutas para la recepción. También hubo un pastel de bodas bellamente decorado que tenía su propia historia.

Una querida amiga que era panadera, Mabel Hurst, se había ofrecido a hacer mi pastel de bodas. Cuando me preguntó qué tipo de pastel quería, le respondí: —Tres niveles con pilares que sostengan la capa superior sería maravilloso. Los colores de nuestra boda son amarillo pálido y lavanda.

—Nunca he hecho un pastel con pilares —me informó Mabel—, pero déjame ver qué puedo hacer.

Cortando un viejo mango de escoba de madera en cuatro pilares, Mabel los lavó y pintó, luego los cubrió con glaseado para que fueran los pilares que sostienen el nivel superior del pastel. Bill bromeó más tarde: «¡Cariño, te acabo de dejar boquiabierta!».

Como vestido de novia, me puse el que había usado mi hermana Joy. Las invitaciones, las flores, los regalos de boda, las fotos y los alimentos que habíamos comprado para la recepción sumaron un total de cien dólares. ¡Nuestros felices y sagrados recuerdos siguen siendo invaluables!

Capítulo 14

Un Fundamento Sólido

Para nuestra luna de miel, tomamos prestado el auto de los padres de Bill y condujimos hasta Camp-of-the-Woods (Campamento en el bosque), campamento y centro de conferencias para familias cristianas ubicado en Finger Lakes, en el norte del estado de Nueva York.

Mientras estuvimos allí, el campamento estaba organizando una conferencia misionera para la Latin American Mission (Misión Latinoamericana). Entonces no teníamos idea de que ocho años después estaríamos sirviendo en Costa Rica junto con muchos misioneros de la Misión Latinoamericana y que nuestros hijos disfrutarían de un gran compañerismo con los hijos de misioneros de esa organización.

Desde el primer día de nuestro matrimonio, tuvimos en mente nuestro compromiso de construirlo sobre la base sólida de la Palabra de Dios y la oración. Cada día, leíamos juntos una porción de la Biblia y luego le pedíamos a Dios su favor y dirección para ese día. Esta práctica diaria definitivamente contribuyó a nuestro matrimonio próspero de por vida.

Solo dos meses después de mi propia boda, Pauline se casó con un joven que había conocido mientras asistía al Instituto Bíblico Eastern, Halden Curtiss. Se veía hermosa con el mismo vestido de novia que Joy y yo habíamos usado. Durante los años siguientes, pastorearon varias iglesias en el noreste antes de aceptar la invitación a ser pastores de The Little Brown Church y Crossroads Christian Fellowship en Bigfork, Montana, donde permanecieron hasta su jubilación.

Mis padres ahora habían regresado a la India, dejándonos a Bill y a mí como pastores de la iglesia de Shillington. Para nuestra primera Navidad, luchamos sobre cómo deberíamos decorar la casa parroquial. El maestro de la escuela dominical para adultos había expresado que un árbol de Navidad era una práctica pagana que no honraba a Dios. Personalmente, sentíamos que el árbol de Navidad tradicional era hermoso y no tenía ninguna conexión con supersticiones negativas.

En Nochebuena, cuando los adornos estaban a mitad de precio, Bill y yo terminamos comprando un pequeño árbol de aluminio plateado junto con luces festivas. El cajero nos dio el costo: $6.66, los mismos números que atribuyó a «la marca de la bestia» en el libro de Apocalipsis. Bill y yo nos miramos riéndonos. Era obvio que el cajero se preguntaba cuál era la broma. ¡Cómo nos alegramos de que el maestro de la escuela dominical para adultos no estaba allí!

Ese árbol de Navidad decoró nuestra casa durante muchos años en Pensilvania. Como se plegaba fácilmente, el árbol se fue con nosotros a Costa Rica, donde adornó las obras de teatro navideñas de las iglesias por todo el país.

Bill y yo teníamos hambre de saber más de Dios. Al escuchar cómo Dios estaba usando a Kathryn Kuhlman, una conocida evangelista pentecostal, visitamos sus reuniones, donde fuimos testigos de poderosos milagros de sanidad y de la asombrosa presencia de Dios.

También visitamos los servicios del sábado por la noche dirigidos por el reverendo James Brown, pastor de la Iglesia Presbiteriana en Parkesburg, Pensilvania. Personas de todas las denominaciones y lugares llenaban el santuario para estos servicios, un avivamiento cuyo impacto se extendió a las siguientes generaciones.

En 1962, Dios nos bendijo con nuestra primogénita, una adorable niña rubia. Le pusimos mi segundo nombre, Ruth, y el de su abuela Bradney, Annette. El domingo después del nacimiento de Ruth, estábamos ansiosos por mostrar a nuestra familia de la iglesia el dulce regalo de Dios. Yo todavía estaba demasiado grande para mi ropa normal, así que decidí usar un vestido de maternidad con un cinturón.

Como era su costumbre, Bill caminó temprano hacia la iglesia. Nos llevó más tiempo del previsto prepararnos a mí y a la bebé Ruth. Luego bajé con cuidado los escalones de la casa parroquial con Ruth en mis brazos. Los fieles ya estaban llegando y varias personas se apresuraron a admirar a nuestra recién nacida.

Mientras caminaba, sentí que algo se caía. «¡No, no puede ser! ¡Sí lo es!». Di pasos más grandes, pero no ayudó. Frente a muchos espectadores, mis calzoncillos, ya muy estirados por el embarazo, se cayeron al suelo sobre mis zapatos. Lentamente, pisé hacia un lado dejando la tela blanca sobre el césped como si fuera un charco.

Justo en ese momento, Bill dobló la esquina de la iglesia, buscándome porque iba a tocar el órgano tubular. Cuando se dio cuenta de lo que estaba pasando, su rostro enrojeció. Con rapidez tomó a la bebé Ruth mientras yo me agachaba, recogía mis pantaletas y regresaba a casa.

Ahí encontré un segurito que usé para amarrar el elástico estirado por mi enorme barriga de embarazada. Entonces regresé con mucha vergüenza a la iglesia y caminé por el pasillo lateral y me escondí detrás del órgano tubular, más avergonzada de lo que puedo describir.

Decidí entonces, que si nuestra hija llegaba a crecer y casarse y tener hijos, ¡mi primer regalo práctico para ella sería darle ropa interior nueva!

Mis papás no permanecieron en la India por mucho tiempo. Cuando regresaron a la Iglesia Shillington, Bill renunció para poder pastorear una iglesia en un área rural en James City, Pensilvania.

Rentamos un departamento que estaba arriba de una tienda de vestidos que quedaba a 25 millas (40 km) de la iglesia y recibíamos un sueldo de 25 dólares a la semana de parte de la iglesia. Nos sentíamos agradecidos porque sabíamos que era la cantidad que la congregación podía dar, pero no era suficiente para cubrir las necesidades básicas de tres personas.

Aun así, Bill, nuestra bebé Ruth y yo nunca pasamos hambre. Dios también nos ayudó a mantenernos al corriente con la renta, el pago del auto, los servicios públicos, gasolina, víveres, etc. Una mañana encontramos un costal con papas al pie de las escaleras con una nota que decía: «No los conozco, pero sentí que podrían necesitar estas papas. ¡Disfrútenlas!».

Después, un día como dos años después de que nos mudamos para atender la Iglesia en James City, todo cambió. La noche que Bill me propuso matrimonio, nos prometimos el uno al otro que cuando surgiera algún problema, oraríamos para pedir sabiduría de Dios para resolverlo. Pero esta vez rompimos la promesa y tomamos una mala decisión de manera rápida, sin pedir a Dios su guía.

Un representante de las Asambleas de Dios que se nos había asignado en el área, llegó de manera imprevista. Se dejó caer en nuestro sofá y nos explicó el motivo de su visita: «Bill e Hilda, sé que están batallando financieramente y tengo la respuesta de Dios para ustedes».

Con mucho interés nos sentamos al filo de nuestras sillas mientras él nos enseñaba una lista de líderes cristianos y colegas que habían entrado en el plan.

«Así es como funciona. Solo necesitan invertir veinticinco dólares para entrar en la base del sistema piramidal. Después deben visitar a siete amigos y pedirles lo mismo. Ellos buscarán otros siete amigos para que inviertan y así sucesivamente. Con cada nueva persona que invierta, ustedes suben en la pirámide. Cuando lleguen al nivel más alto, ¡recibirán una avalancha!».

Por supuesto, nosotros no sabíamos nada de los fraudes de los negocios piramidales ni de cómo operan estos esquemas, ya que eran nuevos en aquel entonces.

Nuestras dudas se desvanecieron rápidamente mientras nuestro mentor insistía en que este plan era completamente legal y que era la manera en que Dios iba a subsanar nuestros reducidos ingresos. Apenas habíamos recibido nuestro cheque semanal por veinticinco dólares. Renuentemente se lo entregamos a nuestro mentor y él se retiró dejándonos en ceros.

De inmediato nos sentimos intranquilos. Pasaron varias semanas muy difíciles. No llegó un donativo anónimo de un saco de papas, ni una nota con un donativo o alguna otra oración contestada. Tampoco hubo buena comunicación entre Bill y yo. Nos dimos cuenta de que habíamos desobedecido a Dios al haber entrado en este esquema piramidal. Ambos nos sentíamos desanimados y desesperados. Terminé llamando a mis amados padres. Con lágrimas, les confesé nuestra desobediencia.

«Hilda, ¡tú sabías que eso no estaba bien!», me dijo de golpe mi papá. Oró con Bill y conmigo.

Después nos volvió a llamar y dijo: «Bill e Hilda, la congregación aquí los ama mucho y con frecuencia nos hablan de la bendición que ustedes fueron en los dos años que estuvieron aquí. A mí me gustaría volver a la India. ¿Les gustaría regresar a Shillington para pastorear esta congregación junto con tu mamá?».

Un rayo de esperanza y perdón irradió en nuestros sombríos sentimientos de derrota y vergüenza. Con tristeza nos despedimos en la iglesia de las familias que habíamos llegado a amar, vendimos nuestros muebles usados y nuestro refrigerador para llenar nuestro tanque de gasolina y regresamos a Shillington.

Mis papás y su creciente congregación nos dieron una calurosa bienvenida a Bill, a Ruth y a mí. Dos semanas después, el superintendente general de las Asambleas de Dios envió una carta pastoral detallando la participación de los ministros y líderes de las Asambleas de Dios al este de Estados Unidos en un escándalo financiero ilegal.

Apesadumbrado y decepcionado, procedió a explicar que las oficinas centrales no obstaculizarían los cargos legales contra los que hubieran participado. Bill y yo estábamos avergonzados por nuestra ingenuidad, pero también agradecidos de que no habíamos invitado a nuestros amigos a participar.

Durante el siguiente año, Bill trabajó con la iglesia como su trabajo diurno y en una gasolinera por las noches para pagar las deudas pendientes de nuestra previa ubicación.

Esta dolorosa experiencia nos enseñó una lección de vida muy importante. Cuando más tarde nos invitaron a participar en oportunidades comerciales dudosas en el extranjero, de inmediato recordamos nuestro gran error y seguíamos confiando en Dios como nuestro Proveedor, sirviéndole de tiempo completo.

Capítulo 15

Iglesia y Familia en Crecimiento

Bill y yo estuvimos encantados al descubrir que estaba embarazada por segunda vez. Philip nació con cabello castaño rojizo y una personalidad divertida. Dondequiera que íbamos, su color de cabello rojo dorado atraía cumplidos e incluso caricias. Esto lo cohibía, en especial cuando ya estábamos en Costa Rica, donde la mayoría de la gente tenía el cabello negro.

Después de llegar a la adolescencia, comenzó a disfrutar de la atención que su tono inusual recibía del sexo opuesto.

Para una familia de cuatro integrantes era un desafío presupuestar nuestros pequeños ingresos. Pero la recompensa de ver vidas perdonadas y florecientes era nuestro pago y Dios suplió nuestras necesidades de maneras significativas mientras buscábamos honrarlo.

Cuando era posible, invitábamos a los misioneros a compartir sus historias y sus necesidades con nosotros y nuestra congregación. Una vez, una pareja de misioneros de Nueva Zelanda, los Brown, que sirvieron en Papúa, Nueva Guinea, compartieron en un servicio de domingo por la noche y Bill quedó profundamente impactado.

Sin compartir sus planes conmigo, puso todo el salario de nuestra semana en la ofrenda misionera para ellos. Esto no era normal en Bill y casi me pidió perdón. Pero lo apoyé, ya que él sentía que era lo que Dios quería, aunque yo me preguntaba cómo cubriríamos nuestros gastos durante esa semana.

El siguiente miércoles, después del estudio bíblico vespertino, una congregante fiel de la iglesia, a la que se le había apodado acertadamente la «hermana sonriente», de manera inesperada le entregó a Bill un sobre. Cuando lo abrimos, encontramos el doble de la cantidad que Bill había dado en la ofrenda del domingo por la noche. Ella lo había designado para nuestro uso personal. Juntos le dimos gracias a Dios.

Otra mañana, escuchamos un golpe en la puerta principal de la casa parroquial. Afuera encontramos a Robert Nagle, un niño que asistía a nuestra iglesia con su hermana y sus padres. Estaba parado allí con una gran sonrisa y un gran tomate rojo en un plato desechable.

—¡Guau, Robert, qué tomate tan lindo! —exclamé.

Bill y yo nos quedamos sin palabras ante este regalo tan inusual. Al entrar, Robert explicó: —Pastor Bill, planté mi primer jardín esta primavera y este es mi primer tomate. ¡Quiero darle mi primera cosecha a Dios!

Tomamos una foto del tomate de Robert, luego oramos por él, agradeciendo a Dios por el tomate y pidiéndole que bendijera y guiara a ese precioso niño. Décadas después, mientras estábamos en un viaje para conectarnos con nuestros apoyadores y darles reportes sobre nuestra labor en Latinoamérica, hablamos en una iglesia que había apoyado fielmente nuestro ministerio.

Habíamos escuchado que la familia Nagle asistía allí, así que después del servicio le preguntamos al pastor principal acerca de ellos.

El pastor respondió: «Ah, sí, Robert es nuestro maravilloso tesorero. Ha servido fielmente a esta congregación durante muchos años».

Mi mente inmediatamente fue a esa escena con la «primicia» del tomate. Los padres de Robert habían plantado de manera fiel una buena semilla en en la tierra fértil del corazón de su hijo, y nosotros tuvimos el privilegio de presenciar algunos de los frutos de ello.

La preciosa esposa de Robert, Wendy, eventualmente sirvió en Global Disciples (Discípulos del mundo), una organización que capacita a trabajadores que discipulan y plantan iglesias entre los grupos menos alcanzados en todo el mundo.

Bill y yo recibimos una invitación para pastorear una pequeña congregación rural en las afueras de Titusville, Pensilvania, donde nació la industria petrolera estadounidense. En 1965, renunciamos a la congregación en Shillington y le informamos a la congregación de Titusville que aceptaríamos su amable invitación con la condición de que, con la bendición de Dios, trasladaríamos la iglesia a la ciudad.

La iglesia original estaba ubicada junto a un depósito de chatarra a las afueras de Moss Grove, así que en broma cantamos el antiguo himno: «Hay una iglesia en el valle junto al depósito de chatarra...».

Siempre nos daba mucho gusto que nos visitara mi mamá. Una mañana, estábamos disfrutando de un momento de madre e hija cuando sonó el teléfono. Contesté en la sala de estar, así que no la estaba viendo cuando se encaminó a la estufa de gas, donde silbaba la tetera, para prepararse una taza de té. Mi mamá no se dio cuenta de que su vestido de poliéster había tocado la flama y se estaba incendiando.

En ese momento, Bill entró en la casa y vio el vestido de mi mamá en llamas. Inmediatamente entró en acción apagando el fuego con sus propias manos. Gritó y bailó de dolor cuando el poliéster derretido le quemó las manos. Me giré y vi el extraño comportamiento de Bill. ¿Por qué golpeaba a mi querida madre?

Entonces me di cuenta de lo que estaba pasando. Colgué el teléfono y me apresuré a apagar la estufa de gas. Pronto apagamos el fuego. El vestido de mi mamá tenía un gran agujero y su cabello estaba chamuscado, pero gracias a Dios el fuego no había llegado a su cuero cabelludo. Mientras procesamos lo que había sucedido, reconocimos la intervención de Dios al traer a Bill a casa en el preciso momento en que se prendió el fuego. Agradecimos a Dios por su tiempo perfecto y el rápido rescate de Bill.

Mi papá había regresado una vez más a los Estados Unidos desde la India. En 1965, mis padres sintieron que era hora de regresar allá juntos. Esta fue una despedida triste, ya que mi mamá sufría de la enfermedad de Parkinson, y sabíamos que nuestra próxima reunión con ella podría ser en el cielo.

Mi papá compró un remolque Airstream y una camioneta Chevy, que envió a Francia. Luego condujeron esta casa sobre ruedas desde Francia hasta la India. Esto resultó ser toda una aventura, pero finalmente llegaron a salvo a Bangalore, India y vivieron en la Airstream en Bangalore por varios años.

Ahora éramos una familia de cuatro y disfrutábamos servir a la congregación de Titusville. Bill era secretario del ministerio local y teníamos un gran compañerismo con nuestros líderes y colegas. Un domingo por la noche, un nuevo grupo de personas se unió a nosotros durante el culto.

Nos compartieron que la American Baptist Society (Sociedad Bautista Americana) estaba a punto de cerrar su iglesia porque no podían mantener a un pastor de tiempo completo. Se preguntaban si podríamos dirigir un culto el domingo por la mañana temprano en su iglesia antes de nuestro propio culto, un estudio bíblico el jueves por la noche y otras responsabilidades pastorales.

Nuestro superintendente de distrito de las Asambleas de Dios, nos dio su bendición. La pintoresca iglesia blanca con campanario cambió su nombre a Chapmanville Community Church (Iglesia Comunidad Chapmanville). Ambas congregaciones crecieron y se convirtieron en iglesias enviadoras de misioneros.

En una ocasión, un misionero que servía en Japón y que recibía apoyo de la congregación de Chapmanville fue invitado a compartir en el culto de los jueves por la noche. Le habían dado la dirección de nuestra casa parroquial, pero cuando descubrió que era en la propiedad de la iglesia de las Asambleas de Dios de Moss Grove, estaba seguro de que no era el lugar.

Le aseguramos que era la dirección correcta y le dimos una calurosa bienvenida a nuestra pequeña casa. Se portó cortés pero distante, como si tratara de entender cómo una iglesia bautista estaba siendo pastoreada por un pastor de las Asambleas de Dios. Después de una comida casera, nos reunimos con la congregación de Chapmanville, donde el invitado compartió diapositivas y habló de sus luchas en Japón. Bill animó a los hermanos a dar una generosa ofrenda misionera.

Alojamos al misionero esa noche, tomamos chocolate caliente con galletas caseras y luego lo acomodamos en la habitación de nuestros hijos. En la mañana, su actitud formal había desaparecido por completo. A la semana siguiente, nos llegó un paquete que contenía un hermoso juego de tazas japonesas con una nota de agradecimiento muy emotiva.

Phil, nuestro hijo pelirrojo, añadió mucha diversión a nuestra pequeña familia. En el verano de 1966, cuando tenía dos años, estaba explorando la silla de la oficina de Bill, girándola, empujándola y sentándose en ella como su alto padre. Cuando lo fui a ver, encontré un tornillo en el suelo. Otros dos tornillos todavía estaban en su lugar en la silla, pero había cuatro orificios para tornillos.

Cuando le pregunté a Phil dónde había estaba el cuarto tornillo, señaló su garganta. Lo llevamos de urgencia al hospital. El médico tratante me dio unas palmaditas en el hombro para tranquilizarme:

«Señora, no se preocupe. Si se tragó el tornillo, lo más probable es que salga por las heces. Mi nieto se tragó un broche de seguridad que estaba abierto. Le dimos mucho pan para que en su estómago envolviera el broche y luego a través de varias radiografías, vimos cómo viajaba por su cuerpo hasta salir de su sistema. Dele al niño todo el pan que pueda comer y revise sus heces constantemente. Si no aparece en tres días, tráigalo de nuevo».

Nuestro desafío era que estábamos programados para salir a la mañana siguiente para asesorar a los jóvenes en Living Waters Camp (Campamento Agua Viva), unas instalaciones de las Asambleas de Dios en un área rural. No había enfermeras ni médicos en el campamento y solo tenían un teléfono. Le dimos pan a Phil, empacamos una bacinica portátil y decidimos irnos según lo planeado. A la mañana siguiente, recibimos cientos de jóvenes para el campamento.

Cada mañana, los consejeros y el personal se reunían para un breve tiempo devocional y de oración antes de que comenzara el horario del campamento. La primera mañana, Bill compartió: «Esta puede ser la solicitud más inusual que hayan escuchado, pero necesitamos un milagro. ¡Nuestro hijo de dos años se tragó un tornillo! Este es el tercer día y aún no hemos encontrado el tornillo en su bacinica».

La semana transcurrió repleta de actividades. Cada mañana, nos preguntaban: —¿Ya encontraron el tornillo?

—Todavía no —seguíamos respondiendo. Luego, el séptimo día, cuando revisé la bacinica, me topé con algo duro. Era el tornillo. Grité de alegría y alivio. Todos estábamos muy contentos. ¡Encontramos el tornillo!

Cuando Bill y yo nos dimos cuenta de que Dios nos había sorprendido con otro embarazo, decidimos buscar un hospital cerca de la casa de los papás de Bill, quienes nos recibieron durante lo que yo calculaba que era mi última semana de embarazo.

Cuando aumentaron las contracciones, Bill me llevó al hospital más cercano, pero no lográbamos inducir el parto con los medicamentos y varias caminatas. ¡Esto fue antes de que existieran los ultrasonidos de rutina, y me dio mucha pena descubrir que habíamos calculado mal la fecha de parto del bebé como por un mes!

Un mes después, en un domingo por la mañana, supe que esta vez era de verdad. Bill corrió desde el púlpito de Titusville hasta la casa de mis suegros y nos dirigimos al hospital. Nuestro VW sedan casi se convirtió en la sala de partos. Llegamos al hospital justo a tiempo para que mi médico recibiera a nuestra bebé.

Mientras acunaba a Cheryl Joy en mis brazos, Bill y yo descubrimos que este paquetito de alegría tenía el cabello castaño rojizo similar al de su hermano Phil, de cuatro años. Esto era claramente un rasgo recesivo ya que ninguno de sus padres tenía el cabello rojizo. Pronto estuvo rodeada de amor y abrazos de todos nosotros. Su hermana Ruth, de seis años, ayudó a cuidar a su hermana pequeña. Éramos verdaderamente bendecidos.

Capítulo 16

¡Ve, y Yo Estaré Contigo!

Cuando Bill y yo tuvimos la necesidad de invertir más tiempo en nuestra congregación (que estaba creciendo) de las Asambleas de Dios, la Iglesia Comunidad Chapmanville invitó a Norman, que era hermano de Bill, para ser pastor en esa congregación.

Disfrutábamos pastorear nuestra propia congregación y nos gozamos mucho cuando varios de nuestros jóvenes fueron a entrenarse para el ministerio de tiempo completo. Dos mujeres solteras de nuestra congregación se fueron a Alaska donde sirvieron en dos comunidades indígenas por muchas décadas.

En julio de 1968, Bill dirigió el mismo campamento de jóvenes en el Campamento Agua Viva, donde nuestro hijo Phil tuvo su aventura por tragarse un tornillo. Con Cheryl de tan solo un mes de edad, yo me quedé en casa.

Una mañana, durante mi tiempo a solas con el Señor, reflexioné sobre la promesa de Dios en nuestra boda, de que un día Él nos usaría a Bill y a mí para bendecir a multitudes en el campo misionero. Cada vez que un misionero venía de visita y compartía sobre su ministerio, yo me sentía triste porque no estábamos sirviendo en alguna parte del mundo que aún necesitaba escuchar el evangelio. Comencé a hablarle con franqueza al Señor:

«*Señor, Tú sabes que desde mi niñez, he querido servirte como misionera. Ahora tenemos tres hijos y pronto estaremos en nuestros treintas. Entre más grandes seamos, nos será más difícil aprender un nuevo idioma o incluso ser considerados para las Misiones de las Asambleas de Dios. Tú sabes, Señor, que prometí nunca presionar a mi esposo para ser misionero. Eso es algo que te concierne a ti. Pero si tú quieres que sirvamos en otra parte del mundo, ¿me lo podrías confirmar y decírselo a mi amado esposo? Si no es así, ¿podrías quitar este deseo de mi corazón para que pueda ser la esposa de pastor más feliz en Pensilvania?*».

Cuando terminé de orar, abrí mi Biblia al azar. Las páginas se abrieron en Éxodo 3, donde Dios le está hablando a Moisés desde la zarza ardiente. Las siguientes frases de Éxodo 3:10-12 saltaron de las páginas hasta mi corazón: «Ahora ve, porque te envío... ¿Quién soy yo para ir...? Dios contestó: —Yo estaré contigo».

Esta fue una palabra clara de Dios. Saltando, bailé alrededor de la habitación, levantando mis manos y mi corazón en alegre alabanza. «¡Gracias Señor Jesús! Ya que me has hablado, sé que también le estás hablando a mi amado esposo. ¡Te agradezco por eso también!».

Mientras tanto, en el Campamento Agua Viva, Bill estaba ocupado y bendecido dirigiendo el campamento juvenil. Una mañana, alrededor de las 3 de la mañana, después de asegurarse de que todos los adolescentes estaban en sus cabañas asignadas, se dejó caer en su litera, exhausto.

De repente estaba completamente despierto con la clara impresión en su corazón y mente de que Dios le estaba hablando: «Bill, ¿recuerdas esa mañana debajo del piano de cola cuando te pregunté si estarías dispuesto a ir si te llamaba al servicio en el extranjero?».

Bill recordaba bien ese momento. Los estudiantes del Instituto Bíblico Eastern habían experimentado un prolongado mover de Dios. Durante una reunión de oración matutina, el área del altar estaba tan llena de estudiantes que Bill se había metido debajo del piano de cola para orar. Allí escuchó claramente la pregunta de Dios en cuanto a su voluntad de seguirlo en las misiones.

También recordó las palabras proféticas de su suegro durante nuestra ceremonia de boda, así como las del nuevo pastor de la iglesia a la que había asistido durante su adolescencia, quien le había dicho a Bill la primera vez que se conocieron: «Bill, la mano de Dios está en tu vida para el ministerio».

Bill se había sentido extremadamente bendecido de que Dios lo eligiera como ministro de tiempo completo. Había orado: «Señor, si quieres que te sirva en misiones en el extranjero, no solo en el pastorado, obedeceré. Pero necesito estar seguro de que Tú eres el que me comisiona».

Ahora, en esta rústica cabaña de campamento, Dios habló con claridad una vez más: «Te pregunté hace siete años si estabas dispuesto. ¡Ahora te doy luz verde para que vayas!».

Bill no podía esperar para compartir conmigo el mensaje de Dios. Cuando llegó a la casa parroquial en nuestro pequeño VW sedán azul, salí para saludarlo. Su rostro se veía radiante mientras nos abrazamos.

—¡Amor, tengo una noticia maravillosa para ti! —me dijo de golpe.

—¡Cariño, tengo aún mejores noticias para ti! —respondí.

Mientras Bill y yo compartíamos nuestras conversaciones con Dios durante los últimos días, descubrimos que Dios nos había confirmado su llamado al mismo tiempo, aunque estábamos a kilómetros de distancia.

No teníamos palabras para expresar nuestra emoción. Inmediatamente escribimos para dar la buena noticia a mis padres en la India. El 8 de agosto de 1968 recibimos la siguiente respuesta de mi papá:

«*He estado esperando recibir esta noticia de ustedes durante mucho tiempo. Esto es justo lo que esperábamos, aunque ahora se está haciendo tarde... Aunque nosotros [mis padres] ahora solo estamos calificados en un 50 %, estamos agradecidos de haber obedecido al Señor al venir [de regreso] a la India para hacer por lo menos un poco antes de encontrarnos con Él... Ustedes [Bill e Hilda] todavía tienen algunos años, fuerza y ministerio*».

En la carta pude leer entre líneas que, dado que mi papá y mi mamá tenían una fuerza más limitada en estos últimos años en comparación con su servicio anterior en la India y alrededor del mundo, mi papá sentía que el impacto de su ministerio en Bangalore era menos efectivo.

De hecho, era todo lo contrario. En lugar de viajar constantemente en intensos servicios de evangelización, mis padres estaban ministrando localmente de manera más profunda. Innumerables personas acudían a mis padres para recibir capacitación, consejo y oración uno a uno. Mi papá continuó en su carta:

«Me tomaré la libertad de compartir mis pensamientos personales para que ustedes los ordenen. Traten de evitar vivir bajo la supervisión de cualquier pareja de misioneros, por muy buenos que sean. Traten de evitar estar confinados en una base de misioneros... Su primera prioridad es capacitar a los trabajadores nacionales... esta es la necesidad más grande y más urgente... En Taiwán, Formosa, África, Japón y Polonia, pudimos haber pasado el resto de nuestras vidas predicando a miles y hubiéramos sido muy felices. Qué agradecidos estamos ahora aquí [en Bangalore] al satisfacer las necesidades urgentes de la India... Deben seguir su propia dirección y ser libres para desarrollar sus propios métodos y ministerio».

Ese año, Bill me preguntó qué me gustaría para Navidad. Le dije que me gustaría llamar a mi madre en la India durante tres minutos. Ese era el tiempo mínimo para hacer una llamada al extranjero y era muy caro.

Mi hermana Pauline y su familia estaban pasando la Navidad con nosotros. Le pidió a su esposo el mismo regalo, así que el día de Navidad mi hermana y yo llamamos emocionadas a mi mamá en Bangalore, una desde el teléfono de la planta baja y la otra en la extensión del piso de arriba.

Habían pasado varios años desde que nos despedimos con un abrazo en el barco en el puerto de la ciudad de Nueva York. Cuando mi mamá contestó el teléfono, su fuerte acento inglés nos deleitó. Pauline, mi mamá y yo comenzamos a reír. Pasaron rápidamente tres minutos y no habíamos conversado, solo reído.

«¡Qué cara salió esa llamada telefónica de Navidad, teniendo en cuenta que ni siquiera hablamos!», pensé después. Pero al poco tiempo recibimos una carta de mi mamá diciendo que reír juntas le había levantado el ánimo. A menudo nos reíamos juntas, así que este fue un regalo típico de los Groves.

En menos de un año de habernos comprometido para ir a las misiones, Bill y yo habíamos sido comisionados y capacitados, y estábamos recaudando nuestros fondos de apoyo como misioneros de largo plazo de las Asambleas de Dios. Si bien, no nos sentíamos llamados a ningún país en particular, Bill estaba especialmente preocupado por Latinoamérica.

A sugerencia de nuestro director de misiones, el Dr. Melvin Hodges, escribimos a varios países latinoamericanos que habían expresado la necesidad urgente de tener más trabajadores. Oramos por cada respuesta. Después de leer una carta del director de campo de Costa Rica, William Brooke, Bill y yo acordamos que ahí era donde más se necesitaba nuestro servicio.

Por recomendación de nuestra agencia misionera, también solicité la ciudadanía estadounidense. La ceremonia de naturalización fue sagrada y de celebración, ya que cambié la bandera Union Jack por las franjas y estrellas y conservé mi verdadera ciudadanía del Reino de Dios.

En 1969, mientras nos preparábamos para ir a Costa Rica, tuvimos la bendición de quedarnos en el Interdenominational Overseas Ministries Study Center (Centro Interdenominacional de Estudios de Ministerios en el Extranjero) en Ventnor, Nueva Jersey, a solo dos cuadras del Océano Atlántico.

Entre sus muchos programas, este centro proporcionaba alojamiento de corto plazo para los misioneros que estaban en los Estados Unidos. Mientras Bill viajó para recaudar fondos para el ministerio y compartir la necesidad en Costa Rica, yo trabajé medio tiempo como secretaria del director y cuidé de nuestros tres hijos.

Una noche, en noviembre de 1969, mientras Bill viajaba, sentí que la presencia de Dios me embargaba de una manera que me es difícil de describir. Se sentía sagrado, santo, como si estuviera experimentando una probada del cielo. Las palabras parecían innecesarias mientras adoré, lloré y disfruté de la hermosa presencia del Señor por varias horas.

Temprano a la mañana siguiente, recibí un telegrama de la India que decía: «Amada mamá con Jesús. Te amo, tu papá». No tuve manera de visitar a mi amada madre en la India durante sus últimos días en la tierra, pero no cuestioné la voluntad de Dios.

En cambio, le di gracias porque la misma noche en que ella falleció, Dios me había permitido experimentar una muestra de su santa presencia, la cual ahora mi mamá disfrutaba de manera plena.

Después supe que las últimas palabras de mi mamá al ascender a la presencia de Dios habían sido un gozoso: «¡Más alto, más alto, más alto!».

Incluso ahora al recordar esos momentos sagrados, me enjugo los ojos llenos de lágrimas.

Nuestra primera carta de oración para las iglesias que nos apoyaban y nuestros compañeros de oración concluía así:

«¿Orarían por nosotros, ya que somos muy conscientes de nuestra necesidad de Dios? Dedicamos nuestra vida a Jesucristo y su encomienda de manera renovada: "Como me envió el Padre, así también yo os envío" (Juan 20:21)».

La familia Bradney partiendo hacia Costa Rica.

Capítulo 17

Amando y Conociendo Costa Rica

Bill y yo nunca habíamos visitado Costa Rica y no conocíamos a nadie ahí. Pero al abordar el avión a San José en julio de 1970, ambos estábamos emocionados por poder cumplir nuestros sueños y el plan de Dios. Tuvimos nuestra primera aventura en cuanto llegamos a Costa Rica, ya que San José y el aeropuerto estaban rodeados de densas nubes.

El piloto sobrevoló en círculos alrededor de la ciudad por más de media hora, buscando una oportunidad para aterrizar. La turbulencia se sintió como una montaña rusa. La mayoría de los pasajeros vomitaron, incluidas Cheryl, de dos años de edad sentada en mi regazo, y yo.

Los sobrecargos no podían dejar sus asientos para ayudar a los pasajeros. El piloto anunció que el vuelo se desviaría a Panamá hasta que el cielo se despejara. Pero en el último momento encontró una abertura apropiada para descender hacia la pista.

Ya en tierra, nos apresuramos a los baños, donde me limpié junto con Cheryl, de la mejor manera que pude con el papel higiénico que le compré a la persona que atendía el baño. Después de pasar por migración y arrastrar nuestro equipaje por la aduana, encontramos a un grupo de costarricenses y misioneros norteamericanos que nos esperaban para darnos la bienvenida.

El superintendente nacional de las Asambleas de Dios y nuestros futuros colegas misioneros nos abrazaron efusivamente a pesar de nuestra ropa manchada y maloliente.

Nos llevaron al hogar de William y Hope Brooke, líderes de campo de las Asambleas de Dios, para una cena de bienvenida. Antes de comer, su hija Sylvia gentilmente cambió el vestido sucio de Cheryl por uno limpio que le pertenecía a una muñeca grande que tenía. Esto fue el principio de muchos años de aprendizaje, crecimiento, servicio, amor y eventualmente, comisionar costarricenses.

Nos hospedamos en un departamento de dos recámaras en el campus del Instituto Bíblico de las Asambleas de Dios hasta que encontramos una casa en renta. En los dormitorios del campus vivían entre cincuenta y setenta estudiantes y todos comían en el comedor del Instituto Bíblico.

Una de mis primeras impresiones de Costa Rica fue la escasez de basura. Desde nuestra ventana de arriba, observé a los recolectores vaciar el único bote de basura que salía por semana de la escuela, en un camión abierto.

—¿Dónde está el resto de la basura? —le pregunté a Vera, la cocinera de la escuela.

—Eso es todo —respondió—. El resto se recicla o se usa como composta.

Era difícil imaginarme eso. El desperdicio semanal de todo el campus se parecía al de nuestra familia de cinco miembros en los

Estados Unidos. Después de mudarnos a la casa que rentamos, colocaba nuestro bote de basura en la acera para su recolección.

En cinco minutos, venían diferentes personas a hurgar en el bote, tratando de encontrar algo útil. Casi todo lo que los norteamericanos tiraban, era de valor para alguien más. Se reutilizaban todos los contenedores, latas y cajas. Los automóviles que tenían veinte o treinta años se arreglaban y seguían circulando en las calles.

Al reflexionar en esto, recordé el mandato de Jesús a sus discípulos después de alimentar, con el pan y el pescado de un niño, a las más de 5,000 personas hambrientas: «Recoged los pedazos que sobraron, para que no se pierda nada» (Juan 6:12). ¡Por lo visto, Dios no desperdicia nada!

El Spanish Language Institute (Instituto del Idioma Español) era una escuela interdenominacional que enseñaba español a los misioneros y otros expatriados sirviendo en Latinoamérica. Las únicas palabras en español que Bill y yo sabíamos eran sí y no, así que empezamos en la clase de los principiantes. Cada día estaba lleno de escuchar, observar, cuestionar y reírnos de nuestros errores.

Cada vez que abríamos la puerta o contestábamos el teléfono, corríamos el riesgo sentirnos humillados. Ruth ya tenía ocho años de edad, Phil tenía seis y Cheryl dos. Aprendieron las palabras básicas mucho más rápido que nosotros y no les interesaba dar una buena imagen, así que pronto se volvieron nuestra respuesta al dilema de la puerta y el teléfono.

Al vivir ahí como familia, la mayoría de nuestras preguntas y respuestas más urgentes en el idioma español giraban alrededor de las necesidades de la casa y las compras. Yo practiqué mucho fuera de las clases al tratar de comunicarme con la chica que me ayudaba con la limpieza y el guardia. De manera involuntaria, yo tomaba la iniciativa cuando Bill y yo hablábamos español en público y era una lucha para mí, porque sabía que esto desanimaba a Bill.

Afortunadamente esto cambió cuando nos graduamos. Bill empezó a acompañar a los misioneros con más experiencia a las iglesias rurales, donde lo invitaban a enseñar mensajes bíblicos en español. Estos viajes reforzaron su confianza porque los creyentes del campo parecían tener más tiempo y paciencia para tolerar su mal «espanglish».

Con la práctica, su español fue mejorando en cuanto al vocabulario y fonética. Me dio mucho gusto cuando él comenzó a tomar la iniciativa en las conversaciones en español en todos lados. Aun hoy disfruta conversar en español.

Si el reto del idioma nos derribó del pedestal de misionero y héroe extranjero, otras presiones más sutiles casi nos hundieron. Bill y yo nos sentíamos inútiles al no poder predicar o testificar. Yo ni siquiera podía tocar el piano en la iglesia porque la mayoría de los himnos en español no tenían la música escrita y se tocaban en tonos menores desconocidos para mí.

También luché con la culpa que sentía por mis hijos. Ellos necesitaban la atención de su madre, pero nuestros días estaban llenos de clases en las mañanas, mientras que las tardes y noches las pasábamos preparándonos para las clases de la mañana siguiente.

Además, había un sinfín de trámites burocráticos con los cuales necesitábamos lidiar como extranjeros en Costa Rica. El cuerpo de

Bill reaccionó a toda esta presión y desarrolló una úlcera sangrante y terminó en el hospital.

Gradualmente aprendimos las lecciones culturales y de vida, y también el español. Como nuestras palabras en español eran limitadas, aprendimos a bendecir más a otros con nuestras acciones que con nuestras palabras. Aprendimos a apreciar y aceptar el apoyo comprensivo de nuestros colegas misioneros y líderes nacionales.

El llamado de Dios se convirtió en un ancla para nuestras emociones sacudidas. Sin el alimento espiritual en inglés, nos vimos forzados a indagar profundamente en la Palabra de Dios.

En resumen, aprendimos que cuando Dios nos envía, su gracia nos sostiene. En septiembre de 1970, mencionamos en una carta a nuestra familia y amigos apoyadores:

«Sumergidos profundamente en el estudio del idioma español, le damos nuestros mejores y concentrados esfuerzos a esta necesaria herramienta de expresión. Por favor oren para que Dios nos ayude. Muchos ajustes son mínimos comparados con el gran gozo que nos da el ver la sinceridad y el hambre por Dios en este lugar. Anoche al ministrar a los jóvenes, conocimos a un adolescente que se convirtió hace dos meses y ya inició una iglesia filial. Cada uno de los cultos en los edificios de la iglesia, las casas y los salones están llenos. ¡La gente se sienta muy cerca una de la otra! Algunos caminan hasta por tres horas a través de la selva para asistir al servicio desde las 11:00 de la mañana hasta las 11:30 de la noche. Regresan a casa con una linterna y una canción en sus corazones... ¡Sí, es genial estar aquí!».

En 1970, durante nuestro año de estudio del español, todo el instituto experimentó un gran despertar espiritual. Surgieron reuniones de oración en las cabañas con misioneros de distintas denominaciones y muchos recibieron poder de lo alto. La mayoría de las congregaciones evangélicas en San José fueron impactadas al igual que las iglesias católicas.

Esto fue incentivado por el Concilio Vaticano II, comúnmente conocido como el Vaticano II, el cual se llevó a cabo por varios años desde principios hasta mediados de la década de 1960. Entre los temas a tratar estuvo la histórica decisión de autorizar y promover que todos los católicos leyeran la Biblia en el lenguaje de su corazón.

Hasta ese momento, las misas católicas se realizaban en latín y a los católicos fuera del sacerdocio se les desanimaba e incluso en algunos países se les prohibía leer la Biblia en su propio idioma.

Antes del Vaticano II, los sacerdotes tradicionalistas recolectaban las Biblias y las quemaban frente a la gente de manera rutinaria. En contraste, durante este tiempo, uno de los sobrenombres de los evangélicos en Latinoamérica era «gente del Libro», porque los católicos sabían que los evangélicos leían y estudiaban la Biblia por sí mismos.

Este edicto del Vaticano II que promovía la lectura y enseñanza de la Biblia, catapultó a la iglesia evangélica en Latinoamérica y pasó de ser despreciada a ser altamente respetada. Ahora los católicos se amontonaban en las librerías evangélicas para comprar Biblias y otros libros cristianos.

En febrero de 1971, un sacerdote católico nos invitó a Bill y a mí a vender después de la misa en el vestíbulo de la catedral, la versión en español de *Good News New Testament* (el Nuevo Testamento en la versión *Dios llega al hombre*), una traducción de la Biblia en lenguaje moderno, popular entre muchas denominaciones. El sacerdote animó a cada familia en su parroquia a que comprara una copia.

Estas invitaciones se extendieron. Incontables familias costarricenses comenzaron a leer la Palabra de Dios. Las campañas en carpas al aire libre, las conversiones, los milagros y las respuestas a las oraciones crecieron a lo largo del país. Se podían ver escenas similares por toda Latinoamérica.

De hecho, el aumento tan explosivo de iglesias evangélicas en Latinoamérica puede ser atribuído en gran parte a esta histórica decisión de la Iglesia Católica. En las siguientes décadas, el porcentaje de evangélicos en Latinoamérica escaló de menos del 2 % a más del 30 % de la población.

Durante nuestro tercer semestre en la escuela de español, se esperaba que Bill y yo comenzáramos a enseñar en el Instituto Bíblico de las Asambleas de Dios en San José. Todavía batallábamos para hablar el español y a los alumnos a menudo les costaba trabajo entendernos.

Pero el motivo por el cual Dios nos había llamado a Costa Rica era para proveerles nuevos pastores con un fundamento bíblico sólido, así que con mucha inquietud, hicimos nuestro mejor esfuerzo, recordando siempre la promesa de Dios al apóstol Pablo en su propia experiencia de debilidad: «Mi poder se perfecciona en la debilidad» (2 Corintios 12:9).

Un día, al enseñar una lección acerca de Jesús sanando al hombre paralítico en Juan, capítulo cinco, traduje la instrucción de Jesús al paralítico como «toma tu leche y camina» en lugar de «toma tu lecho y camina».

La palabra en español para *milk* es leche y la palabra para *cot* es lecho, solo una letra de diferencia, mientras que «toma» puede significar beber, recoger o levantar, dependiendo del contexto. No me percaté de mi error hasta que vi la expresión de desconcierto en la cara de los alumnos y escuché sus tímidas risas.

Los estudiantes me corrigieron amablemente y nos reímos juntos, pero no se les olvidó mi error. En la graduación del Instituto Bíblico, uno de mis alumnos, quien era un artista, exhibió un dibujo que había hecho de Jesús dando un biberón al hombre paralítico. Abajo escribió la frase: «¡Toma tu leche y camina!».

Años más tarde, cuando Bill y yo visitamos Costa Rica, los mismos estudiantes, algunos de los cuales ahora son pastores de mega iglesias, nos saludaron en broma con la misma expresión: «¡Toma tu leche y camina!».

Capítulo 18

Los Estudiantes se Convierten en Maestros

Los estudiantes a menudo se convertían en mis maestros al compartir sus historias conmigo. De ellos aprendí lecciones culturales y espirituales que me enseñaron a entender que nadie ni nada está fuera del alcance de la misericordia de Dios. ¡Nuestro Padre celestial está lleno de misericordia!

Durante mi primer año de enseñanza en el Instituto Bíblico, un estudiante llamado Chico me compartió la historia de cómo le había presentado a Cristo al asesino de su padre. Su madre estaba débil y enferma cuando él nació con más de un mes de anticipación, y el doctor de la plantación de plátanos, quien supervisó su nacimiento, no pudo salvarla.

El padre de Chico tenía tres «esposas», una oficial y dos amantes. Una de las amantes, Florinda, amablemente llevó a Chico y a sus dos hermanas mayores a su modesto hogar junto con sus tres hijos. Aparte de su trabajo de entregar la mercancía que transportaba en un atajo de mulas, el papá de Chico vivía una vida vacía y solitaria, conformada por la bebida, los pleitos a machetazos y el sexo. Siempre ganaba sus peleas, excepto la última, que fue fatal.

Cuando Chico tenía siete años, su «madrastra» tenía un novio nuevo llamado Filemón. El hombre había mostrado un interés sexual en una de las hermanas mayores de Chico, lo cual enfureció a su papá y resultó en una guerra intermitente de un año entre los dos hombres. Una noche, el papá de Chico apareció en la casa de Florinda con su atajo de mulas.

Estaba oscureciendo y mientras Florinda y Chico ataban las mulas a la cerca de una granja vecina, el papá de Chico encendió un trapo empapado en queroseno que había metido en una botella para tener un poco de luz.

Se enfureció cuando su linterna improvisada mostró que su enemigo Filemón venía hacia ellos. Le dio la botella encendida a Florinda, tomó su machete y salió en contra de Filemón. El otro hombre trató de disuadirlo, pero en vez de eso, el papá de Chico insistió en pelear, atacando a Filemón con su machete. Más pequeño pero fuerte, Filemón aventó a su oponente al suelo.

Florinda le dio la linterna a Chico, de siete años de edad, y se metió en la pelea, tratando de calmarlos. Fue inútil. Por varios minutos, Chico fue testigo de gritos, insultos y una pelea espantosa. Al reconocer que estaba perdiendo, el papá de Chico le suplicó que lo perdonara, pero Filemón respondió que esta era su oportunidad para terminar con su constante problema.

A pesar de la mala conducta de su papá, Chico lo amaba. Ante el susto por la amenaza de Filemón, corrió hacia él y le aventó al pecho desnudo la botella encendida que traía en sus manos. Con un grito de dolor, Filemón la tiró. La botella se estrelló en el suelo y la llama se apagó. Ahora estaban en completa oscuridad.

Llorando, Chico llegó dando traspiés a la casa de un vecino, quien corrió a traer a la policía. Chico podía escuchar los gritos de agonía de su papá y después, silencio. Para cuando el policía, que llegó con una lámpara de pilas, alumbró la escena sangrienta, el papá de Chico había sido despedazado. Filemón incluso le había cortado la cabeza antes de huir en la oscuridad.

La policía no pudo atrapar a Filemón. A la mañana siguiente, Chico veía con gran tristeza y un miedo profundo cómo los vecinos bajaban las partes del cuerpo de su papá en un hoyo grande en la tierra. No hubo un funeral ni una oración.

El niño pensó: «¡Qué triste y vacía es la vida! ¡Unos cuantos años miserables y después bajo tierra!».

Más tarde, Chico escuchó que la conciencia de Filemón le pesaba a tal grado, que confesó el asesinato a la policía y fue sentenciado a ocho años en la prision de la Isla de San Lucas en Costa Rica. Fueron años difíciles para Chico. Odiaba al asesino de su padre. Sin la contribución de su papá a la familia, había muy poco para comer. Florinda hacía una papilla de plátanos con agua, pero las dos hermanas mayores de Chico adelgazaron y se debilitaron hasta que ambas murieron de desnutrición.

Con su madre, su padre y sus dos hermanas muertas, Chico estaba obsesionado con matar a Filemón. Se enfureció cuando recibió una carta de Filemón pidiéndole ayuda a Chico para reducir su sentencia en prisión, ya que su papá había atacado a Filemón primero.

Chico tenía doce años cuando todo cambió. Durante la Semana Santa, el pastor costarricense Ramón Rojas, de las Asambleas de Dios, nuestro colega misionero David Kensinger y Gene Martin, un evangelista que venía de visita desde Estados Unidos, tocaron la puerta de Florinda e invitaron a la familia a una cruzada evangelística. Ese día, Chico escuchó por primera vez que Dios lo amaba y que había enviado a su Hijo Jesucristo a morir por él.

El predicador explicó: «Es simple. A cualquiera que se lo pida, Jesús lo salvará del pecado y transformará su vida».

Junto con otras cuarenta personas, Chico aceptó a Cristo y su invaluable regalo de salvación. Empezó a crecer espiritualmente. El pastor le mostró en la Biblia que incluso debía de perdonar al asesino de su padre. Poco a poco, el amor de Dios reemplazó el odio destructivo de Chico.

Un día, mientras Chico se unía al atajo de mulas con el que viajaría, se dio cuenta que un hombre conocido montaba al frente del grupo. ¿Podría ser el asesino de su padre? Miró más de cerca. ¡Sí era!

En contraste, Filemón no mostró ninguna señal de reconocer a Chico, ya que se había convertido en un joven durante el encarcelamiento de Filemón. Al ver fijamente a Filemón, Chico sintió el odio y el deseo de venganza burbujeando en su interior. Se escondió rápidamente detrás de un árbol cercano y clamó: «¡Dios, no puedo controlar estos horribles sentimientos! ¡Por favor ayúdame!».

Dios calmó su espíritu con su fuerza divina. Chico se montó hasta atrás del atajo de mulas, lo más lejos que pudo de Filemón. En las siguientes dos horas, al viajar juntos, Chico revivió la horrible tragedia, pero con la fortaleza que le dio Dios, ya no sentía odio por el asesino de su papá.

Chico pronto se enteró de que Filemón se había mudado de regreso a la zona y que tenía un negocio de reparación de zapatos que operaba desde su casa. Cada domingo, martes, jueves y sábados, Chico caminaba más de una hora por un camino de tierra para llegar a la iglesia.

Un día, Chico se dio cuenta de que su ruta lo llevaba por el negocio de reparación de zapatos de Filemón. Oró para que Dios le ayudara a comunicar las Buenas Nuevas del evangelio al asesino de su padre. En eso abrió la puerta de la tienda.

El olor a cuero y pegamento era fuerte cuando Chico se presentó. Filemón se sorprendió al conocer su identidad y evitó el contacto visual. Chico ni siquiera mencionó a su papá. Le compartió el evangelio y luego se fue.

Chico regresó en muchas ocasiones, algunas veces iba con un amigo que era estudiante en nuestro Instituto Bíblico. Al principio, Filemón pensó que Chico tenía motivos ocultos para visitarlo o que quizá estaba planeando una venganza. Pero eventualmente reconoció que Chico era sincero al ofrecerle perdón y compartir el evangelio. Por fin aceptó la invitación de Chico para ir a la iglesia, donde Dios le habló poderosamente.

Chico acompañó a Filemón en el altar mientras él aceptaba a Cristo como su Salvador. Desde ese momento, Filemón fue transformado de un asesino a un santo hijo de Dios. Amorosamente Dios lo había perdonado y Chico también. Los dos se abrazaron y lloraron en la presencia de Dios.

Filemón y Chico ahora eran hermanos en Cristo. Cantaban juntos, oraban y compartían sus historias acerca del perdón de Dios. Como vivían en un área con poca población, ambos eran bien conocidos y muchos se maravillaban al ver y escuchar cómo un asesino y el hijo de su víctima podían cantar juntos alabanzas a Dios. ¡Solo Dios podía traer tal restauración!

Otro estudiante llamado Manuel también compartió su historia con nosotros. Su papá era un marido y padre abusivo. Cuando Manuel tenía nueve años de edad, su papá dejó a su madre, a su hermano y a Manuel sin dinero, comida ni ropa más allá de la que traían puesta. Su mamá y sus dos hijos encontraron un puente en construcción.

Con restos de madera y unos clavos que encontraron, Manuel y su hermano construyeron una pequeña choza para vivir. La familia asistía a una iglesia católica, donde Manuel servía como monaguillo y le ayudaba al sacerdote local con la misa.

Cuando Manuel creció, un pastor cristiano se hizo su amigo, compartiéndole su fe viva. Después de examinar las Escrituras, Manuel aceptó a Cristo. Mientras crecía espiritualmente, sintió que Dios lo llamaba a servirlo como pastor.

Él sabía que necesitaba entrenamiento bíblico, así que aplicó para estudiar en el Instituto Bíblico de las Asambleas de Dios. Estaba en su segundo año de entrenamiento bíblico cuando Bill y yo lo conocimos y su único deseo era difundir las Buenas Nuevas en cualquier lugar a donde Dios lo enviara.

Estudiantes costarricenses.

Capítulo 19

¿Los ángeles usan overoles?

La comunicación en Costa Rica era un reto en la década de 1970. Sin celulares y con solo algunas líneas de teléfono fijas, la comunicación con las iglesias remotas dependía en su mayoría de los mensajes personales que compartían los líderes distritales que se reunían cada mes en la capital. Las estaciones de radio locales también dedicaban un tiempo de emisión exclusivo para comunicar mensajes personales.

Bill había sido asignado para dirigir un campamento nacional de jóvenes en un campamento rural. Se esperaba que llegaran varios cientos de jóvenes. Bill envió mensajes a tres mujeres de las iglesias de las Asambleas de Dios, solicitando su servicio en el campamento, ya que eran conocidas por sus habilidades en la cocina y a menudo ayudaban en esos eventos. Pero los mensajes se extraviaron y solo una cocinera llegó.

La cocina al aire libre consistía en una gran tabla de madera, grandes ollas de metal con tapas de hojas de plátano colocadas sobre piedras alrededor de una fogata y cubetas con agua acarreada de un río cercano. En la primera mañana del campamento, me presenté con la cocinera con mi poco español y le pregunté cómo podía ayudar.

—Hermana Hilda, ¿le gustaría cortar el repollo para la comida de hoy? —preguntó.

—¡Con mucho gusto! —le respondí.

—¡Maravilloso! Allí están los costales de repollo y aquí está el cuchillo. Puede cortarlos en esa mesa.

La cocinera me entregó un cuchillo afilado y me señaló los tres costales. Me puse a trabajar, removiendo cuidadosamente las hojas externas, cortando el centro duro y luego cortando el repollo en rebanadas tan finas como podía. Después de una hora, estaba en mi tercer repollo cuando la cocinera abruptamente dijo:

—Hermana Hilda, ¡ese repollo es para la ensalada de hoy!

Ella no mencionó que yo estaba siendo extremadamente lenta y torpe. Solo sugirió amablemente:

—¿Podría por favor pedirle a un par de jovencitas del estudio bíblico matutino si nos pueden ayudar?

Las chicas gentilmente aceptaron mi invitación. Observé cómo lavaban cada repollo en una cubeta, y luego, con gran habilidad usaban los cuchillos filosos como máquinas veloces para cortarlas finamente. Estaba asombrada y avergonzada por lo rápido que habían logrado la tarea. Claramente, tenía mucho que aprender sobre la cocina en un entorno rústico.

Sintiéndome inútil, hablé tímidamente:

—¿Hay algo más que pueda hacer?

—Sí, por supuesto. Aquí está un saco de chayotes que necesitamos pelar.

La cocinera me señaló un costal de vegetales verdes tipo calabacín y con forma de pera.

Las chicas me ayudaron a cargar el costal hasta la orilla del río, donde encontramos una roca plana en la cual podíamos trabajar. Con mi cuchillo filoso comencé a pelar la piel espinosa y peluda. Los chayotes iban dejando una capa pegajosa en mi mano, como un guante de goma, así que tenía que detenerme constantemente para lavar mis manos en el río.

Horas más tarde, finalmente logré mi misión. Llevé los chayotes pelados de regreso con la cocinera, quien amablemente me lo agradeció. Pero el resto de la semana del campamento, me ofrecí como voluntaria para poner mesas, lavar platos y servir las deliciosas comidas que la cocinera del campamento y su equipo preparaban. ¡Eso por lo menos estaba dentro de mis capacidades!

Bill disfrutó dirigir y enseñar a los camperos. Pero una nueva aventura lo esperaba cuando se ofreció a comprar los pollos para el arroz con pollo (arroz amarillo con pollo desmenuzado), un platillo tradicional costarricense que era la comida más anhelada del campamento.

—¿Dónde compro los pollos? —le preguntó al personal del campamento costarricense.

—En cualquier casa en donde veas pollos —le dijeron—. Necesitamos comprar veinte.

Bill llevó consigo a uno de los camperos adolescentes para que le ayudara. Estacionó la camioneta, que pertenecía a uno de los misioneros, en la primera granja que vio con gallinas y le preguntó al granjero si podía comprarle veinte.

—Sí, por supuesto —accedió el granjero—, atrapa las que quieras y métalas en tus costales.

Bill pagó la cantidad acordada. Entonces él y su joven ayudante entraron para atrapar a las gallinas. Hubo muchas risas mientras el granjero y su familia veían a este alto y novato norteamericano citadino tratando de atrapar gallinas.

Con la ayuda del granjero, finalmente atraparon veinte, las ataron de las patas y las metieron a los costales. Los costales brincaban de un lado a otro en la caja de la camioneta mientras Bill las transportaba a la cocina del campamento. Afortunadamente, no me pidieron que ayudara a matar, desplumar y limpiarlas. Pero disfruté de un delicioso platillo de arroz amarillo con pollo.

A pesar de los muchos inconvenientes, el campamento de jóvenes fue un parteaguas importante en el progreso espiritual de los jóvenes que acudieron. Los muchachos durmieron en duras bancas de madera en el tabernáculo al aire libre, mientras que las chicas se amontonaron en las rústicas literas del dormitorio.

Los testimonios de Dios trabajando en sus vidas fueron nuestra recompensa. Muchos respondieron a la invitación del evangelio dada en cada sesión y varios se comprometieron a invertir su vida al servicio a Dios de tiempo completo. En las noches podíamos escuchar las jóvenes voces alabando a Dios en español y en lenguas celestes.

Cuando terminó el campamento, estábamos cansados pero felices. Habíamos adquirido un pequeño Sunbeam (automóvil británico) y de regreso a casa iba totalmente lleno. Nuestra hija más pequeña, Cheryl, se sentó en el espacio entre los asientos frontales que Bill y yo estábamos ocupando. Phil y Ruth compartían el asiento trasero con Fonseco, un estudiante del Instituto Bíblico.

Íbamos manejando a lo largo de un camino montañoso, con muchas curvas, cuando de repente el auto comenzó a hacer ruidos extraños y después a sacudirse. Bill logró hacerse hacia un lado del camino estrecho.

Mientras los demás le ofrecíamos apoyo moral, él revisaba el motor, tratando de encontrar el problema. Pero no tuvo éxito y el sol ya estaba bajando. Estábamos lejos de la civilización y sin ningún taller accesible, teléfono o siquiera una casa a la vista, y pronto estaríamos en completa oscuridad.

Consideramos las opciones. ¿Deberíamos caminar hacia San José, aún a muchos kilómetros por delante? Alguien tendría que quedarse con el auto y el equipo de acampar para protegerlos de los ladrones potenciales. Si todos nos quedábamos, probablemente amanecería antes de que algún automovilista viniera y se detuviera.

Nuestro carro británico era tan único que nosotros solo sabíamos de un taller en San José con las herramientas necesarias para esa marca y modelo. Así que era poco probable que pudiéramos encontrar algún mecánico cerca que pudiera repararlo. ¿Qué debíamos hacer?

Fonseco, nuestro alumno del Instituto Bíblico, veía nuestros rostros abatidos. Finalmente dijo: —Hermano Bill, ¿ha hecho todo lo que puede?

—Sí —respondió Bill tristemente—. ¡Simplemente no tengo una respuesta!

—¿Podemos orar? —preguntó Fonseco.

La verdad es que nosotros no nos sentíamos con ganas de orar. Pero accedimos, nos tomamos de las manos y Fonseco empezó a orar. Después de pedirle a Dios que proveyera una respuesta para el problema de nuestro vehículo, Fonseco concluyó con un fuerte: «¡Amén! ¡Gracias Jesús!».

En eso, vimos un jeep viejo que venía hacia nosotros por ese camino vacío. Al ver nuestro carro parado al lado del camino, el conductor bajó la velocidad y se detuvo. Descendieron dos hombres vestidos con overoles de mecánico. Caminaron hacia nosotros y de inmediato metieron la cabeza en el cofre para examinar el motor.

Increíblemente, parecían saber de inmediato la causa de nuestro problema. Buscaron en las bolsas grandes de sus overoles, sacaron las herramientas extranjeras precisas y las partes que se necesitaban para nuestro modelo de auto británico. Trabajaron silenciosamente y repararon el motor en unos cuantos minutos. Bill giró la llave. El carro encendió al instante. Les ofrecimos a los dos mecánicos un pago por su valiosa asistencia. Ellos no aceptaron ni un centavo.

«Ha sido un placer servirles», dijeron sencillamente. Los dos hombres se subieron otra vez a su viejo jeep, dieron una vuelta en U en el camino y se dirigieron de regreso en la misma dirección por la que llegaron.

Nos quedamos tan sorprendidos que no podíamos hablar. ¿Quién les había dicho a estos dos hombres que teníamos problemas con el carro? ¿Cómo supieron exactamente cuál era el problema con solo un vistazo? ¿Por qué llevaban en sus bolsas grandes en sus overoles las herramientas específicas para nuestro vehículo británico, e incluso la parte exacta que se necesitaba?

Y si se dirigían hacia algún lugar por este camino cuando nos encontraron, ¿por qué regresaron de inmediato en la dirección por la que habían venido?

No pudimos responder. Lo que sí sabemos es que estos dos mecánicos fueron mensajeros enviados por Dios en respuesta a la fe sincera, como la de un niño, que el joven Fonseco expresó en su sencilla oración. Dios milagrosamente ayudó a una familia misionera cansada y frustrada que estaba varada en un camino aislado y lejos de la ayuda humana.

Volteé hacia mi marido y le pregunté: «Cariño, ¿los ángeles usan overoles?».

Capítulo 20

¿Qué Tan Larga Es Tu Falda?

Junto con otro ministerio, como familia asistíamos a una iglesia de las Asambleas de Dios en San José. Un domingo en la mañana, justo salía de un servicio con Cheryl, de dos años de edad, en mis brazos, cuando una líder del ministerio nos detuvo.

«¿Qué tan larga es su falda?», preguntó, señalando a mi hija.

Esa no era una pregunta que estaba preparada para contestar, aunque ciertamente en mi mente, la falda de Cheryl cubría adecuadamente sus piernas regordetas y sus calzoncitos con olanes.

Con un flujo de español veloz y melódico que me costó trabajo entender, la mujer procedió a usar su mano extendida para medir la falda. En realidad esto era normal para las costureras costarricenses, quienes usaban medidas de mano y brazo para ajustar y cortar material en vez de una cinta métrica.

Rápidamente tomó sus medidas y se fue. Me fui a casa con pesar en mi corazón ya que supuse, de lo que entendí de su fluido español, que estaba criticando la falda bonita de Cheryl porque estaba muy corta y no era apropiada para la iglesia. En los años setenta, muchos de los pastores de Latinoamérica practicaban y predicaban ese legalismo. Pero ¿de qué manera la falda corta de una niña de dos años era algún tipo de tentación pecaminosa?

Pronto me di cuenta de que necesitaba lidiar con mi propio corazón crítico. Una de mis responsabilidades en el ministerio era ayudar a dirigir el programa nacional de niñas de las Asambleas de Dios llamado Missionettes (Misioneritas).

La mujer que se nos había acercado era líder en este ministerio y yo tenía que trabajar de cerca con ella. Cada vez que oraba por ella, en mi mente la veía medir con sus manos la falda de Cheryl. Yo permití que esto se convirtiera en una pared invisible, pero muy real entre nosotras dos.

Como dos meses después, una vez más al salir del servicio dominical por la mañana, la misma mujer se me acercó. Me ofreció una caja hermosamente envuelta. Sorprendida le pregunté: —¿Qué es esto? ¡No es mi cumpleaños!

—¡Ábrelo! ¡Ábrelo! —insistió.

Cuando abrí la caja, me asombré por lo que vi. Era una falda para una niña pequeña hecha de un hermoso tafetán azul rey, con orquídeas pintadas a mano y coloridas carretas de bueyes que son el símbolo de Costa Rica. Lloré al recordar mi suposición incorrecta cuando esta mujer había medido a Cheryl. Ella no estaba criticando la longitud de su falda, sino que la medía para crear esta hermosa obra de arte pintada.

Me arrodillé más tarde junto a mi cama, le pedí perdón a Dios por haberme precipitado a tomar esa conclusión tan llena de prejuicio. Le pedí que me ayudara a aceptar a las personas como eran y a dejar el juicio en manos del único Juez verdadero, quien ve las motivaciones, así como las acciones. Esta mujer y yo nos convertimos en buenas amigas y en colegas.

Durante este tiempo, mi papá había estado luchando por la muerte de mi mamá. Nos escribió a Bill y a mí acerca de cómo lloraba descontroladamente durante las noches, sin poder dormir y reflexionando en el llamado de Dios a la India y su profundo dolor por la muerte de mi mamá ahí. Su doctor le había sugerido tres opciones: regresar a los Estados Unidos a vivir con sus hijas, casarse o tomar medicamentos para dormir.

Nos alegramos mucho cuando mi papá nos compartió que había conocido a una hermosa y joven mujer india cristiana llamada Christine, quien trabajaba en una mueblería en Bangalore. Un día mientras estaba en la tienda, mi papá vio un Nuevo Testamento en su escritorio y la invitó a un servicio evangelístico en una iglesia local.

Ese domingo Christine visitó la iglesia, donde escuchó un poderoso mensaje de la Palabra de Dios. Ella sabía del Dios cristiano porque había asistido a la Iglesia de Inglaterra de niña y después al estudiar en un internado cristiano. Pero nunca lo había experimentado personalmente. Ese día Christine respondió al llamado al altar y entregó su vida y servicio a Jesús.

No mucho después de esto, mi papá y Christine se casaron. Nos emocionamos cuando supimos que mi papá y Christine habían tenido un hijo al que llamaron David. Bromeábamos con mi papá al llamarlo «Padre Abraham» porque era mucho mayor que

Christine. Después de tres hijas, ahora era el orgulloso padre de un hermoso hijo.

Años más tarde, cuando David tenía doce, mis dos hermanas y yo viajamos a la India para visitar a mi papá y a su nueva familia. Disfrutamos cada momento juntos. Nuestro hermanito era muy inteligente y se iba en bicicleta a su escuela privada cristiana. Christine preparó comidas deliciosas para nosotros. Mi papá y Christine se bendijeron y sirvieron el uno al otro y a incontables personas por más de veintitrés años antes de que él falleciera.

En 1972 acepté la oportunidad de iniciar un esfuerzo evangelístico llamado *International Correspondence Institute* (*Instituto Internacional por Correspondencia*). A través de anuncios en el periódico, cientos de personas solicitaron la primera lección Bíblica titulada *Las grandes preguntas de la vida*, y después otras lecciones de discipulado.

Este poderoso esfuerzo de alcance por medio de la literatura, llegó a oficinas profesionales, aldeas en las montañas, fincas bananeras, plantaciones de café, trabajadores en la ciudad, estudiantes de universidad, monjas, sacerdotes y amas de casa. Pronto más de trece mil personas habían estudiado la Palabra de Dios por medio del Instituto Internacional por Correspondencia y muchos compartieron su fe recién encontrada.

A principios de la década de 1970, vimos un avivamiento en todos los lugares a los que íbamos. Una vez Bill predicó dos servicios matutinos en una iglesia que en solo cuatro años ya tenía más de 1,600 congregantes. Lizbeth, nuestra secretaria del Instituto

Internacional por Correspondencia, sintió una carga por ver la ciudad costarricense de Aserrí llena del Espíritu Santo.

Ella y su hermano rentaron una casa en la avenida principal y luego le pidieron permiso al dueño para tirar la pared de la sala y así tener un espacio más grande para las reuniones. Imprimimos las invitaciones en nuestro mimeógrafo y ellos fueron de casa en casa invitando a las personas a la inauguración de un nuevo faro espiritual. En dos años, la congregación había crecido a doscientos y tenía un pastor de tiempo completo.

En abril de 1974 se plantó una nueva iglesia en Desamparados, un suburbio de la capital. El reverendo Richard Jeffrey y su esposa, misioneros evangelistas americanos, llevaban a cabo servicios al aire libre. Muchos aceptaban a Cristo cada noche. Uno de los muchos milagros que hubo fue cuando Dios sanó a una persona de un tumor maligno, que después se confirmó con radiografías.

Además de este trabajo maravilloso del Espíritu de Dios, también nos encontramos con muchos desafíos y aventuras. Fue durante este tiempo que mi amado esposo Bill sobrevivió al descarrilamiento del tren que le lastimó gravemente su espalda, como compartí en el primer capítulo de este libro. Este fue solo uno de los innumerables peligros al viajar que experimentamos a lo largo de los años en Costa Rica.

En otra ocasión, Bill conducía una camioneta Chevy con más de 300,000 millas (480,000 km) recorridas, mientras que William Brooke, el director de campo, manejaba una vieja camioneta roja en un largo viaje para dar seminarios de Biblia en una remota zona platanera. Los vehículos también les servían a los hombres como un lugar para dormir.

Durante el viaje, los dos vehículos tenían que cruzar un largo puente ferroviario que una compañía bananera había construido sobre un río ancho y profundo. Se habían colocado tablones al lado de las vías para que los peatones pudieran cruzar y también uno que otro vehículo que pasara por ahí.

Bill y William no tenían otra opción más que cruzar, si querían llegar al siguiente lugar para dar las clases. Su mayor preocupación era mantener las llantas en los tablones y evitar que se cortaran o atoraran entre los rieles de las vías del tren. Y por supuesto, cruzar y salir del puente antes de que un tren viniera. Fue muy estresante, pero Dios los protegió y lograron cruzar a salvo.

En otra ocasión, íbamos viajando en nuestro pequeño auto Sunbeam con nuestros tres hijos sentados cómodamente en el asiento trasero. El sinuoso camino de tierra demandaba manejar con cuidado. Como no teníamos aire acondicionado, teníamos las ventanas abiertas.

De repente, un camión grande pasó a toda velocidad, cubriéndonos de piedras y tierra. Una piedra grande pasó zumbando como una bala por la ventana abierta de Bill y atravesó por entre las cabezas de los niños y luego hizo añicos el parabrisas trasero. Nos detuvimos para investigar y nos dimos cuenta de cómo Dios había librado milagrosamente a mi esposo e hijos de lo que pudo haber sido un daño grave. Juntos le agradecimos a Dios por su protección divina.

A menudo teníamos que vadear arroyos que no tenían puentes. Para ello, uno de nosotros caminaba descalzo en el agua para determinar su profundidad. Si era muy profundo para cruzar, colocábamos piedras grandes en el cauce del arroyo por las cuales nuestro auto podría pasar hasta el otro lado.

Una vez, íbamos en una embarcación motorizada que transportaba pasajeros y varios autos a la vez por un río ancho y caudaloso con pueblos y aldeas a lo largo. Abordamos en nuestro vehículo e íbamos a la mitad del cruce cuando el motor de la embarcación se detuvo.

Inmediatamente empezó a irse a la deriva con la corriente. Siendo el más alto de los pasajeros, mi esposo brincó al agua. Afortunadamente estaba poco profundo como para poder seguir de pie. Tirando de una cuerda, gradualmente jaló toda la barcaza hasta la orilla del río.

Expresamos nuestros sentimientos en una carta del ministerio que escribimos poco antes del fin de nuestro primer período de servicio en Costa Rica en 1975.

«Sentimos gozo y satisfacción al final de nuestro primer período de cuatro años de servicio. Este año, Dios envió a doscientos cincuenta alumnos al Instituto Bíblico. ¡Un récord! Fue un desafío que incluyó dormir poco, mucha consejería y aprender cómo hacer que los retos se conviertan en fortalezas y buen carácter para ser mejores maestros».

Recibimos muchas respuestas como esta, de parte de nuestros fieles apoyadores y compañeros de oración en los Estados Unidos:

«Oramos que la fuerza y la perseverancia sean su porción... que tengan paciencia y firmeza cuando se necesite... que cada culto de capilla sea visitado por el cielo... que cada clase sea guiada por el Espíritu Santo... Oramos por Bill e Hilda... que todas sus necesidades sean provistas».

Dios contestó esas oraciones más allá de lo que podíamos soñar. Envió a grandes maestros y compañeros de trabajo. Trabajó en nosotros y a través de nosotros y de los alumnos.

Capítulo 21

Un Día Malo

Necesitábamos esas oraciones y en una ocasión en particular llegamos a sentir el amor del pueblo de Dios en una manera especial al encontrarnos con un tipo de peligro muy diferente en el camino. El 23 de diciembre de 1972 un terremoto devastador mató a miles de personas en el país vecino de Nicaragua. En Managua, la ciudad capital, dos tercios de la población fueron desplazados, enfrentando escasez de alimento y enfermedades.

Bill había manejado una camioneta cargada de suministros de emergencia destinados a la ayuda humanitaria ahí, pero los oficiales nicaragüenses confiscaron su contenido en la frontera, prometiendo que ellos distribuirían los bienes a los necesitados. Más tarde nos enteramos que la mayoría de esta ayuda fue directamente al ejército.

Poco tiempo después del terremoto, nos unimos a otros misioneros colegas en una caravana de varios vehículos para manejar desde Costa Rica hasta Guatemala para el retiro bianual de misioneros de las Asambleas de Dios de Centroamérica, que se llevaría a cabo en un centro de retiro rural en las majestuosas montañas de Guatemala. Viajamos en una Suburban con otra pareja, que aún estaba estudiando el idioma y 6 niños en total.

Manejamos por la Carretera Panamericana, que nos llevó a través del centro de Managua. Al acercarnos a la capital nicaragüense, el olor y el escenario eran horribles. Nos quedamos sin aliento ante los edificios desmoronados sobre los restos humanos. Una de esas montañas de escombro había sido un convento que albergaba a más de doscientas monjas. Nuestra hija Ruth recuerda haber visto perros llevándose partes de restos humanos en sus hocicos.

En la poderosa explicación del apóstol Pablo acerca de la guerra espiritual y la armadura de Dios (Efesios 6:10-20), nos dice por qué es vital que nos pongamos toda la armadura de Dios «para que podáis resistir en el día malo, y habiendo acabado todo, estar firmes» (Efesios 6:13 RVA).

Nuestra caravana regresaba de ese maravilloso retiro espiritual y físico con todos nuestros colegas misioneros en Centroamérica, cuando experimentamos lo que puede ser descrito como un día malo. Nuestra hija Ruth describió este día en una tarea de inglés de la universidad como «Mi peor día».

Desde Guatemala, habíamos pasado por El Salvador y Honduras y después entramos a Nicaragua. Nuestro vehículo era el último de la caravana misionera. Los hombres de las dos familias se turnaban para conducir. Nos aproximamos al pueblo de Chinandega, a unas 40 millas (65 km) dentro de Nicaragua, cuando una camioneta que venía en la dirección opuesta se detuvo abruptamente al lado de la carretera.

La camioneta estaba operando como transporte público ilegal, con la caja trasera abarrotada de pasajeros. Mientras nuestro vehículo se acercaba, un adolescente brincó de la caja y corrió por la carretera sin fijarse en el tránsito. Nuestro colega iba manejando en ese momento e instantáneamente pisó los frenos.

Pero ya era muy tarde para evitar atropellar al joven. El impacto lo lanzó por la carretera. Inmediatamente detuvimos nuestro carro y los dos hombres se bajaron para revisar al muchacho. No tenía pulso.

El impacto abolló nuestro vehículo, pero aún se podía conducir. Otros pasajeros ya estaban amontonándose afuera de la camioneta para investigar el accidente. A diferencia de Norteamérica o el Reino Unido, ahí no había policía de tránsito al cual llamar ni podíamos hacer algo al quedarnos.

De hecho, estábamos muy conscientes del peligro potencial si los demás pasajeros decidían volverse contra nosotros: un grupo notorio de adultos y niños extranjeros. Esto era un escenario temible, independientemente de que el accidente hubiera sido o no nuestra culpa.

Así que desconsolados manejamos a Chinandega, orando por la protección de Dios y por su dirección. Encontramos una gasolinera donde otro vehículo de nuestro convoy se había detenido por gasolina y esperaban impacientemente el servicio.

Nos estacionamos y les explicamos lo que había pasado. Luego manejamos a la estación central de policía de la ciudad para reportar el accidente. Los dos hombres de nuestro grupo entraron a la estación mientras que nosotras, las dos esposas y nuestros seis hijos permanecimos en el vehículo.

Poco tiempo después, la camioneta llena de pasajeros se detuvo cerca de nosotros. Rápidamente subimos las ventanas. Todos los pasajeros se bajaron de la camioneta, rodeando nuestro carro con una multitud enojada.

Sacudieron el vehículo con violencia, tratando de voltearlo. Nos gritaron maldiciones y nos amenazaron con arrancar, una por una, las extremidades de nuestros hijos porque nosotros habíamos matado a uno de ellos. Nos abrazamos y oramos fervientemente.

Afortunadamente, un grupo de soldados armados salió de la estación de policía y dispersaron a la multitud. Después de lo que pareció ser una eternidad, dos policías escoltaron a nuestros esposos a nuestro vehículo. Nos explicaron que nuestro vehículo sería confiscado. Las esposas y los hijos podríamos continuar con el camino, pero los dos hombres se quedarían bajo custodia mientras el accidente era investigado por los especialistas.

Nuestro nuevo colega misionero, quien había estado manejando, estaba en *shock*, sin poder comunicarse en el español que había estado aprendiendo en la escuela. Bill se encargó de traducir y de las transacciones legales. Las autoridades nicaragüenses accedieron a que los dos hombres se quedaran la noche en un hotel cercano, pero una escolta de policías los acompañaría a la cárcel cada día.

Para ese momento, el otro vehículo del convoy que había parado por gasolina, llegó a la estación de policía. Ellos ofrecieron llevar a las dos esposas y seis niños, apretando nuestro equipaje dentro del remolque que llevaban enganchado. Aunque era un carro grande, ahora estaba lleno de niños sentados en todos los regazos disponibles.

Oramos todos juntos. Luego, la esposa del otro misionero y yo besamos a nuestros maridos para despedirnos y todos nos marchamos con nuestros corazones destrozados. ¿Estarían a salvo nuestros esposos? ¿Serían tratados justamente? No teníamos idea de cuándo los volveríamos a ver o si el vehículo confiscado sería devuelto.

Mientras conducíamos, uno de los niños volteó y se dio cuenta que la tapa del ahora atiborrado remolque, se había abierto y su contenido estaba volando.

Nos detuvimos para investigar y descubrimos que lo que se había perdido eran las posesiones de nuestra familia, incluyendo ropa, accesorios, Biblias y apuntes del retiro. No tenía sentido regresar a buscar nuestros tesoros, porque habían sido robados inmediatamente. Así que solo cerramos la tapa del remolque en su lugar y continuamos.

Ya era la tarde cuando llegamos a Managua. Encontramos un restaurante donde se podía ver el carro, pero al regresar a nuestro vehículo, después de una comida rápida, descubrimos que alguien había cortado nuestras llantas.

Nos retrasamos todavía más al tratar de localizar a un mecánico cercano, quien meticulosamente reparó las llantas rajadas. Luego llevamos a la mamá que nos acompañaba y a sus hijos para que se quedaran en la casa de unos colegas que servían en Managua.

Por fin la última parte del convoy llegó a la frontera de Costa Rica. Estábamos muy felices de estar tan cerca de casa, pero nuestro gozo se convirtió en preocupación cuando una de las misioneras no pudo encontrar su pasaporte. Una vez más oramos juntos por la intervención de Dios.

Los agentes de migración eventualmente nos permitieron entrar al país que habíamos adoptado como nuestro hogar. Cruzando la frontera, le agradecimos a Dios por su provisión y protección y también oramos por nuestros hombres en Nicaragua.

No habíamos tenido comunicación con ellos así que no sabíamos qué desafíos estaban enfrentando. Los que estábamos a salvo en Costa Rica nos enteramos después de los detalles. La habitación del hotel no era segura y tuvieron que poner una cómoda contra la puerta para su protección. Como era tiempo de sequía no había agua para bañarse.

El juez local asignado al caso inmediatamente mostró ser corrupto, ofreciéndoles vino y comida e incluso a sus empleadas del aseo para su placer sexual. Nuestros esposos estaban horrorizados.

Mientras tanto, los investigadores revisaron las marcas de los neumáticos en la carretera, el impacto en el vehículo y los reportes de los testigos. Encontraron que nuestro carro había sido conducido dentro del límite de velocidad y que la camioneta se había estado utilizando ilegalmente como transporte público. Por otro lado, el joven debió haber visto si venían vehículos, así que Bill y nuestro colega fueron absueltos de culpa.

A pesar de esto, el juez demandó una enorme cantidad de dinero, explicando que tenía que cubrir los gastos de la investigación e indemnizar a la familia de la víctima porque el joven contribuía al presupuesto familiar. Bill rechazó la propuesta, manifestando que él personalmente se presentaría con el papá de la víctima y le proveería las finanzas para cubrir los gastos del funeral y también el salario de unos meses de su hijo.

El padre resultó ser cristiano y un hombre honesto y amable. Al platicar, Bill descubrió que este padre había perdido a otro hijo en el terremoto reciente, así que esta era la segunda trágica pérdida de la familia en tan solo unas semanas. El hombre entendió que su hijo había sido responsable del accidente y no quería ninguna compensación. Pero Bill insistió.

La oficina central de las Asambleas de Dios envió el dinero necesario del fondo de emergencia a un misionero que servía en Nicaragua, quien condujo hasta Chinandega con los fondos. Después de cinco largos y calientes días de negociación con el juez injusto, pusieron en libertad a nuestros esposos y les devolvieron nuestro vehículo dañado.

Condujeron inmediatamente para cruzar la frontera a Costa Rica donde finalmente se reunieron con sus familias. Un horrible sarpullido rojo cubría el cuerpo de Bill. Un doctor lo diagnosticó como una reacción al trauma, el calor excesivo y la falta de agua para bañarse.

No sabíamos que nuestra iglesia en San José, bajo el liderazgo del pastor Enrique Vargas, había escuchado acerca del accidente. Inmediatamente organizó una reunión de oración durante toda la noche. Juntos, los miembros de la iglesia oraron: «Dios, si tú usaste a Pablo y Silas en la prisión, entonces usa a tus siervos en esta cárcel nicaragüense».

Cuando llegamos al culto de adoración la mañana del domingo siguiente, se sintió como la reunión de una familia feliz. Nuestro español todavía era muy limitado y nuestras relaciones con estos costarricenses, hermanos y hermanas en Cristo, aún eran muy recientes.

Sin embargo, ellos habían sacrificado la noche del viernes y la mañana del sábado para orar por la protección de Dios a nuestra familia. Al llegar, nos abrazaron y juntos derramamos lágrimas de gozo. Fue en ese momento en el que supimos que verdaderamente éramos amados, aceptados y apreciados por nuestra preciosa familia de la iglesia costarricense.

Capítulo 22

Choque Cultural a la Inversa

Regresamos a los Estados Unidos en 1975 en nuestro primer viaje para afianzar relaciones con las iglesias e individuos que apoyaban nuestro ministerio. Me sorprendí al encontrarme constantemente impactada y enojada.

Lloré durante todo nuestro primer culto en inglés de la iglesia en Miami, Florida. Los bancos estaban acolchados. Todos tenían un himnario y una Biblia. La temperatura del aire acondicionado era ideal. Sin embargo, la alabanza parecía mecánica, como un grifo que se abría y cerraba.

Recuerdo que me dije: «¡No es justo!». El domingo anterior había estado sentada en una tabla de madera mientras mi esposo predicaba bajo un árbol de mangos, la única sombra bajo el sol abrasador de Costa Rica. Aun así, nuestros creyentes costarricenses cantaban con gusto y convicción, y respondían de manera evidente a la Palabra de Dios.

Después, cuando visitamos un centro comercial local, vimos a las personas cargando grandes bolsas de compras. Toallas y sábanas en un sinfín de colores, interminables estantes de vestidos con diversos estilos para todos los gustos. Toda esa abundancia generó muchas preguntas en mí. Si todas estas personas tenían tanto, ¿por qué no había sonrisas en sus rostros?

Eventualmente supe que estaba sufriendo lo que se denomina «choque cultural a la inversa». Así como me impresioné ante todos los cambios, la pobreza y las nuevas experiencias al llegar a Costa Rica, ahora estaba sorprendida por toda la riqueza, las comodidades y la extravagancia que los estadounidenses disfrutaban en comparación con otros países en desarrollo.

Mientras le confesaba a Dios mis sentimientos negativos, parecía que Él me susurraba: «Hilda, no estás viendo el panorama completo. Muchos en esta cultura expresan su adoración y compromiso con más reserva pero aun así me aman. Y muchos son canales a través de los cuales bendigo a otros».

Dios me enseñó a seguir su ejemplo al aceptar y amar a las personas tal y como son a pesar de donde estén viviendo. Durante ese año de viaje, nos hospedamos, estudiamos y trabajamos en el Overseas Ministries Study Center (Centro de Estudios de Ministerio en el Extranjero) en Ventnor, Nueva Jersey.

Una tarde de verano, nuestro hijo Phil, ahora de once años, estaba jugando en el patio cuando un señor mayor se le acercó para decirle que era un médico misionero sirviendo en la India y estaba buscando hospedaje en el Centro, para asistir a una convención médica en Atlantic City.

Conociendo el cariño que yo tenía por la India, Phil corrió hacia nuestro departamento para preguntarme si el Centro tenía una habitación disponible para el señor. Revisé, pero como era lo usual durante los meses de verano, todos los departamentos y los cuartos de huéspedes estaban ocupados. Caminé con Phil hacia afuera para conocer al desconocido y le dije: —Lo siento señor, pero no hay nada disponible.

—Mamá, ¡se puede quedar en mi cuarto! —me interrumpió Phil—. ¡Yo cambiaré las sábanas!

Yo me sentía frustrada por el ofrecimiento de Phil. Justo había regresado con mis hijos la noche anterior de un ocupado fin de semana de ministerio en la ciudad de Nueva York, y mi esposo seguía de viaje visitando a las iglesias que nos apoyaban. No conocía a este señor y ciertamente no invitaría a ningún caballero a nuestra casa sin la presencia de mi marido. Tampoco había comprado comida ni limpiado nuestra casa para las visitas.

Se presentó como el Doctor Rambo y nos explicó que ya había preguntado en los hoteles locales, pero el costo más barato era de veinticinco dólares la noche (lo que hoy equivale a 125 dólares la noche). El dinero gastado en una habitación de hotel por una semana podría ayudar a muchos pacientes en la India, así que había venido al Centro asumiendo que, como misionero, podría cumplir con los requisitos para un cuarto de huéspedes.

Renuentemente invité al Doctor Rambo a nuestra veranda mientras Phil y yo limpiábamos la recámara de mi hijo. Luego Phil trajo al doctor y su maleta a su recámara. El Dr. Rambo inmediatamente se arrodilló y agradeció a Dios por abrir el corazón de este niño y darle un lugar tan bonito para quedarse.

Al presenciar esto, me sentí humillada y avergonzada porque Dios sabía que mi propio corazón no estaba abierto. Le serví al Dr. Rambo una sencilla comida de huevos con tocino, lo único que todavía tenía en el refrigerador. Su voz se quebró con emoción al agradecerle a Dios por esta deliciosa comida.

Pronto supimos que el Dr. Rambo era un cirujano oftalmólogo y a sus ochenta años seguía quitando cataratas y restaurando la vista de miles de indios pobres, labor que llevó a cabo a lo largo de varias décadas. Yo estaba feliz cuando Bill regresó a casa mientras el Dr. Rambo estaba ahí. Se hicieron buenos amigos y Bill le ofreció llevarlo a la convención médica.

Una mañana, mientras llegaban a la convención, el Dr. Rambo le pidió a Bill que parara el auto. Había visto a dos delegados médicos vestidos con atuendos indios. Bill se detuvo y el Dr. Rambo se bajó para presentarse con los dos doctores indios. Bill escuchó mientras el Dr. Rambo le recordaba a los dos hombres que su país los necesitaba desesperadamente y los animó a que regresaran con equipo médico a servir a los pobres de la India.

El Dr. Rambo y Phil se ejercitaban temprano cada mañana en el malecón. Una mañana mientras Bill y yo hacíamos nuestro devocional en el pórtico de la casa, el Dr. Rambo regresó con Phil. Se veía muy angustiado con la cara enrojecida y los labios morados.

—¿Cuál es el problema Dr. Rambo? —le preguntamos.

—¿Ustedes creen en el poder de Dios para sanar, verdad? —nos preguntó—. Por favor oren conmigo por mi corazón. Después me iré a recostar. Si descanso un poco, debo estar bien.

Oramos con urgencia pidiéndole a Dios que tocara el corazón de su amado siervo. Luego, el Dr. Rambo se fue a descansar a su recámara. Gracias a Dios, cuando se levantó se veía mucho mejor. El Dr. Rambo fue a una clínica local e inmediatamente le hicieron un electrocardiograma. El examen mostró que había sufrido un infarto pero que ya su corazón estaba latiendo correctamente. Juntos le agradecimos a Dios.

Cuando terminó la convención, estábamos renuentes a despedirnos. Más tarde, al leer la literatura que el Dr. Rambo nos había dejado, nos dimos cuenta de que era mundialmente famoso. Había recibido una medalla de oro del Rey Jorge VI en 1941 por su excepcional servicio público.

En 1957 fue elegido presidente de la Sociedad Oftalmológica de la India. También había sido reconocido por la primera ministra de la India, Indira Gandhi, por su servicio como director de un importante hospital cristiano. En el 2008, el Dr. Rambo fue agregado póstumamente al Salón de la Fama de las Misiones Médicas.

La visita del Dr. Rambo terminó convirtiéndose en lo más destacado de ese año en los Estados Unidos. Fue una bendición única que casi me pierdo, pero gracias al corazón dispuesto y amoroso de Phil, sentí que tuvimos, sin saber, a un ángel de visita.

Ese año, más adelante, fui a un salón de belleza cercano para cortarme el cabello. Nunca había conocido a esta esteticista en particular. Mientras conversábamos acerca de los valores más importantes de la vida, ella comenzó a compartir conmigo cosas personales. Mientras más hablábamos, más me cortaba el cabello. Cuando finalmente terminó, giró la silla para que pudiera verme en el espejo.

Sentí un gran pesar en mi corazón. Me había cortado tanto el cabello, que me podían haber confundido con un hombre. Pagué la cuenta y me fui, agradeciéndole a Dios que por lo menos había podido compartir las Buenas Nuevas con una joven mujer en necesidad.

Sin embargo yo sabía lo desilusionado que estaría Bill porque a él le gustaba mi cabello hasta los hombros. No quería ir a casa con ese corte de cabello, por lo que comencé a caminar despacio por el malecón. ¡Quizá pensaba que la brisa del mar haría que mi cabello creciera!

Finalmente me dirigí a casa. Cuando abrí la puerta principal, Bill estaba ahí. Ninguno de los dos dijo nada mientras él asimilaba mi cambio de apariencia. Después caminó hacia mí y me abrazó fuerte.

«¡Cariño, te amo!» dijo tiernamente. Sin condiciones ni explicación necesaria. Aunque había escuchado esas palabras tan preciadas en muchas otras ocasiones, en este momento eran extra especiales. ¡Qué hombre!

Capítulo 23

¡Tienen 10 Días para Salir!

En 1976 regresamos a Costa Rica por otro período de cuatro años. Encontramos una casa con tres recámaras, y firmamos el contrato de renta por cuatro años. Solo un poco de luz del sol entraba por las ventanas pequeñas.

Para iluminar nuestra casa, pinté la cocina con margaritas amarillas, el baño con peces y la recámara de las niñas con un jardín de flores detrás de una cerca de madera. Bill hizo cenefas para las ventanas y yo cosí cortinas drapeadas, que también sirvieron como persianas para nuestra privacidad. Pronto nuestra casa estaba limpia y cómoda.

Bill construyó una rampa para patinetas en la entrada para el auto para nuestros hijos y sus amigos. Nuestra casa se convirtió rápidamente en el lugar de reunión de los niños del vecindario. Las vecinas también se unieron conmigo a una clase de ejercicio en nuestra cochera.

Cada semana teníamos estudios bíblicos en casa en los cuales muchos vecinos aceptaron a Jesús y recibieron al Espíritu Santo. Ruth, nuestra hija mayor, ahora con catorce años de edad, daba una hora de historias bíblicas en su recámara para los niños, mientras yo compartía con sus mamás en la sala.

Un día una vecina apareció en las clases de ejercicio, angustiada y llorando. Nos compartió que unos ladrones habían robado la camioneta de reparto de su esposo. Por seguridad él había estacionado la camioneta justo afuera de la ventana abierta de su recámara.

Pero los ladrones habían rociado algún tipo de sedante a través de la ventana para dejar a la pareja inconsciente, lo cual tristemente era una táctica criminal común en Costa Rica. La pérdida de la camioneta de reparto dejó a la familia sin un ingreso económico.

Ahí en la cochera unimos nuestras manos y corazones y todos juntos oramos por una intervención divina. Después de nuestro tiempo de ejercicio, la mujer regresó a casa. Ella había aceptado recientemente a Cristo y había empezado a leer la Biblia en español que le habíamos regalado. De la nada abrió su Biblia y empezó a leer la historia en 2 Reyes 6, en donde el profeta Eliseo milagrosamente hizo que flotara la cabeza de un hacha de hierro que se había caído en el río.

Oró: «Dios, si tú sabías dónde estaba la cabeza del hacha, entonces tú sabes dónde está la camioneta. ¿Nos ayudarías a encontrarla por favor?».

Durante las siguientes dos semanas continuamos orando por un milagro cada vez que ella venía a hacer ejercicio. Su esposo presentó una denuncia a la policía, pero localizar un vehículo robado en Costa Rica, en la década de 1970, era como encontrar una aguja en un pajar.

Entonces un día, la estación de policía de San José llamó a esta pareja para reportarles que justo habían hecho una redada en un taller cerca del aeropuerto en donde habían descubierto muchos vehículos robados. Tal vez uno de esos vehículos les pertenecía.

Con mucho entusiasmo, nuestros vecinos llegaron al taller, pero ninguno de los vehículos incautados se parecía a su camioneta. La policía les aconsejó que revisaran los números reales del motor. Rápidamente encontraron un motor con el mismo número que el de su camioneta.

Los ladrones habían pintado la camioneta de otro color, le habían añadido rayas, reemplazado las llantas viejas por unas de gran tamaño, reparado el motor y habían cubierto la caja de la camioneta con una caja de *camper*. Ciertamente era su camioneta robada pero ¡ahora se veía, se sentía y se manejaba como un vehículo nuevo!

Después de llevar la camioneta a casa, esta vecina no podía esperar a la siguiente clase de ejercicio para compartir las buenas noticias. Nos visitó a cada uno individualmente para hacernos saber que Dios no solo podía rescatar cabezas de hachas en los tiempos de Eliseo, ¡sino que también había rescatado y renovado su camioneta robada!

Estábamos muy felices y ya instalados como familia en la nueva casa y el vecindario. Entonces una noche ya tarde, tocaron el timbre. Afuera estaba la dueña con varios de sus parientes. Nos anunció: «Ahora nosotros nos vamos a mudar aquí. Deben dejar la casa en diez días».

Nuestros vecinos nos aconsejaron: «Tienen el derecho legal a quedarse, tienen un contrato por cuatro años y no puede anular el contrato cuando solo han vivido aquí por tan poco tiempo. ¡Les ayudaremos a pelear!».

Pero decidimos irnos en paz. También dejamos la casa reluciente. Más tarde nos enteramos que la dueña había experimentado un divorcio doloroso, por lo cual tuvo que mudarse a esa propiedad. Buscamos una casa similar para rentar, pero la única que pudimos encontrar fue una más grande y más lujosa.

Esto nos preocupaba porque no queríamos vivir en una casa que fuera tan elegante que nuestros colegas de ministerio, creyentes y antiguos vecinos se sintieran incómodos. Pero como no pudimos encontrar otra alternativa, rentamos la casa más grande.

Afortunadamente, nuestros amigos costarricenses y vecinos no respondieron negativamente. En vez de eso nos aseguraron: «Nosotros sabemos por qué se tuvieron que ir de ese vecindario. ¡Dios tenía una casa más bonita para ustedes!».

Ocho años más tarde, cuando regresamos a Costa Rica por otro período, encontramos una casa en renta a unas cuadras de nuestra antigua casa pintada con peces y flores. Esa Navidad, toqué en cada una de las puertas a lo largo de nuestra calle para invitar a las mujeres a una fiesta de Navidad en nuestra casa. No tenía idea de cuántas vendrían, pero eventualmente treinta y cinco entraron apretadas en nuestra sala, ocupando cada silla y sentándose en el piso.

Cantamos villancicos alrededor del piano, comimos golosinas que yo había preparado, compartimos ejemplos de cómo Dios había intervenido en nuestras vidas y oramos juntas. Como regalo, le di a cada una un póster con un versículo con una envoltura alegre. También les ofrecí dar clases de ejercicio y/o estudios bíblicos en sus casas.

Varias mujeres se quedaron al final para pedirme una oración individual. Una de ellas nos invitó a Bill y a mí a empezar un estudio bíblico en su casa. Hasta que se presentó nos dimos cuenta de que ella era nuestra antigua casera, que nos había ordenado que nos saliéramos de su casa ocho años antes. Ella había acompañado a una de nuestras nuevas vecinas que habían recibido mi invitación a la fiesta de Navidad.

Qué emocionante fue para Bill y para mí el haber sido invitados a nuestra antigua sala, donde nos encontramos con varias parejas hambrientas de escuchar la Palabra de Dios.

Había sido difícil dejar el hogar en el cual habíamos invertido tanto esfuerzo y amor. Pero ahora estábamos cosechando el fruto espiritual de la semilla sembrada ocho años antes al dejar reluciente nuestra antigua casa rentada y con una actitud positiva. Dios literalmente reabrió una puerta que había sido cerrada de manera abrupta para compartir su increíble amor con los vecinos nuevos y viejos.

Ese mismo año de 1983, fui invitada a ministrar en la conferencia de mujeres de las Asambleas de Dios y las reuniones de Mujeres Aglow en Belice, un pequeño país de Centroamérica. Al estar ahí, tuve el privilegio de visitar a nuestra primera familia misionera enviada a Belice por las Asambleas de Dios y completamente apoyada por la Iglesia nacional de Costa Rica. Ellos pastoreaban una congregación vibrante y creciente de habla hispana y un Instituto Bíblico en Orange Walk, Belice.

Qué día tan maravilloso al ser testigo del círculo completo formado por el ministerio de misioneros norteamericanos llevando el evangelio a Costa Rica y ahora los misioneros costarricenses llevando el evangelio a otras naciones.

Capítulo 24

Humpty Dumpty

Cras! Un sin fin de fragmentos y astillas de un tipo cascarón, hecho de un material parecido a la cerámica, yacían trágicamente en el piso de azulejo. Eran los restos de un gran huevo de avestruz que yo había apodado Humpty Dumpty.

Humpty Dumpty era un regalo de Jerry y Lidia Olshevski, unos misioneros de las Asambleas de Dios que servían en Botswana, África. Ellos eran nuestros vecinos en el Overseas Ministries Study Center (Centro de Estudios de Ministerio en el Extranjero) al mismo tiempo que nosotros.

Envolví con mucho cuidado el huevo y lo sellé en un contenedor de plástico, logrando transportarlo de una sola pieza a Costa Rica, sin que se rompiera. Ahí lo exhibí orgullosamente sobre una base de latón en una vitrina del comedor.

Humpty Dumpty también se convirtió en mi fiel acompañante de viajes a lo largo de caminos llenos de baches y hoyos que nos llevaban a las conferencias de mujeres y eventos donde el huevo gigante posaba al lado del huevo de una gallina, una ilustración que me permitía contrastar el cuidado maternal de una gallina y el de una avestruz, y así aplicar principios bíblicos a la crianza de los hijos. Los costarricenses solían tocarlo con asombro, porque nunca habían visto un huevo así de grande.

En ese momento mi corazón se desplomó al ver a Humpty Dumpty esparcido en el piso del comedor. ¿Cómo podría reemplazarlo? Con tristeza le pedí a mi hijo adolescente Phil que barriera el desastre y que metiera los restos en el bote de basura.

Por otra parte, la mente creativa de Phil se aceleró mientras vio mi cara triste y el piso. Los rompecabezas siempre lo desafiaban y rápidamente convirtió el escritorio de su recámara en una obra de construcción.

Con determinación y agilidad en sus dedos, comenzó a reconstruir este rompecabezas blanco y ovalado. Día tras día y semana tras semana, a puertas cerradas, encontró la posición original de cada pieza, limó las orillas con precisión, lijó y pegó cada pieza puntiaguda y las astillas.

Cuando por fin terminó, Phil transfirió con cuidado a Humpty Dumpty al cajón de su escritorio. Esa Nochebuena, nuestra familia se reunió en la sala para leer la historia de Navidad. El árbol de aluminio plateado que habíamos comprado muchos años atrás, estaba salpicado con unas diminutas bolitas blancas de unicel, dando así la apariencia de nieve. Bajo el árbol había paquetes envueltos con papel festivo.

Después de terminar de leer las Escrituras y orar juntos, comenzamos a abrir los regalos. El regalo de Phil para mí era una caja grande de muy poco peso. Me pregunté si era un chiste con nada más que aire tropical en su interior. Cuando lo abrí cuidadosamente, lloré de alegría. En la caja estaba Humpty Dumpty. Gracias al diligente trabajo de amor de Phil, el huevo se veía hermoso con solo un hoyo irregular para recordarme que había sido restaurado.

Una vez más lo puse sobre la base de latón en la vitrina del comedor. Desde entonces ha sido mi ilustración navideña para cientos de adultos y niños en muchos países, un recordatorio precioso de la gracia redentora de Dios.

Alguna vez yo también fui un Humpty Dumpty destruido, un montón de piezas feas y astillas sin un rayo de esperanza. Sin embargo, Dios, el Divino Maestro Artesano, se agachó para recoger los pedazos y me hizo de nuevo como su hija, reflejando su imagen divina.

Dios planeó con amor mi salvación, enviando a su Hijo amado en esa primera Navidad para que pudiera dar su vida para restaurarme. A pesar de estar lejos de ser perfecta, con hoyos irregulares, un día estaré completa y sin manchas ante Dios.

¡Gracias Phil! ¡Gracias Jesús!

Dios continuó bendiciendo su Reino y a nuestra familia en Costa Rica. Pero también seguimos teniendo aventuras que nos hacían estar profundamente agradecidos por la protección e intervención de Dios.

Una noche compartí la Palabra de Dios en una iglesia emergente en San José. Cheryl, de nueve años de edad, me acompañó. Después del servicio, pasé tiempo en oración con muchos creyentes nuevos, así que ya pasaban las 10 de la noche cuando Cheryl y yo regresamos a casa.

Íbamos manejando por un camino oscuro y solitario cuando de repente hubo un golpe seco al momento en que las llantas delanteras del auto se sacudían violentamente en un hoyo sin señalización que nos detuvo abruptamente. Traté de manejar hacia adelante sin éxito.

Nos paramos y oramos juntas, suplicando a Dios que nos ayudara. Luego puse el vehículo en reversa y pisé el acelerador. En ese instante, el auto rebotó hacia atrás saliendo del enorme hoyo, pero ahora resonaba con fuerza.

—Salgamos y veamos qué está mal —sugirió Cheryl.

—Incluso si identifico el problema, no lo puedo reparar —le respondí—. Y no hay alguien alrededor que nos ayude.

Entonces manejamos a velocidad de tortuga, resonando fuertemente todo el camino a casa. Finalmente nos estacionamos a salvo en casa. Al entrar por la puerta de enfrente, el teléfono sonaba. Ana, la esposa del pastor de la nueva iglesia, estaba en la línea.

Con un suspiro de alivio, dijo: «¡Están a salvo en casa, Hermana Hilda! Cuando me despedí de ustedes esta noche, sentí la carga de orar por su seguridad. Mientras empujaba la carreola con mi bebé a la casa, supe que estaban en peligro en el camino y necesitaban ayuda. Usualmente preparo algo de comer después del servicio, pero solo me arrodillé junto a la cama y oré por ustedes. ¡Gracias a Dios que están bien!».

Le agradecí a Ana por obedecer a Dios y orar por nosotras. También le di gracias a Dios, quien escuchó y respondió su oración, y por su protección en ese camino oscuro y solitario.

En otra ocasión, en unas vacaciones escolares, nuestros hijos nos acompañaron a una cruzada evangelística combinada con un tiempo de familia en la hermosa costa sur de Costa Rica. Manejamos por la Carretera Panamericana de dos carriles.

A un lado del camino, las montañas se elevaban hasta 12,000 pies (3,600 metros) sobre el nivel del mar y en el otro lado, un río caía sobre rocas en un valle. Enormes helechos levantaban sus hojas de encaje hacia el sol y el verde follaje de la selva se esparcía por encima de la carretera.

Durante la temporada de lluvias tropicales, este camino podía ser muy peligroso porque la tierra saturada de agua causaba derrumbes y enterraba las carreteras, autos, casas y personas bajo masas de roca, árboles desprendidos y lodo.

Pero mientras manejábamos ese día, el cielo estaba hermoso con el cielo azul despejado. Andando en zig-zag por las curvas cerradas, giramos en una esquina cerrada y ciega. De repente, Bill escuchó una advertencia en su espíritu como si una voz le estuviera gritando: «¡Detente!».

Pisó los frenos. Al dar el tirón y detenernos, una roca enorme, de la mitad del tamaño de nuestro pequeño auto Sunbeam, cayó por la ladera empinada en el camino frente a nosotros, después rebotó, continuando cuesta abajo hacia el río furioso.

Si Bill hubiera frenado un segundo más tarde, la roca habría aplastado nuestro carro. Temblando, nos dimos cuenta de que, una vez más, Dios nos había salvado la vida. Antes de continuar manejando por la carretera, tomamos tiempo para agradecerle a Dios, «nuestro pronto auxilio en las tribulaciones» (Salmo 46:1).

Capítulo 25

¿Por qué Hablar tan Fuerte?

Algún tiempo después, Bill y yo, junto con un colega costarricense, íbamos a enseñar un curso intensivo de cinco días en un Instituto Bíblico de la región localizado en un pueblo a cinco horas de San José. Cuando llegamos, esperé en la fila para hablar con mis hijos ya que solo había un teléfono público en el pueblo. Un colega misionero estaba cuidando a nuestros hijos mientras estábamos fuera.

Finalmente me pude comunicar a casa, pero en el momento en el que escuché la voz de Ruth, nuestra hija mayor, supe que algo estaba mal. «Mamá, Cheryl está enferma. Ella y yo nos quedamos en casa hoy y ella está vomitando».

Si bien, lamentaba abandonar a mis estudiantes, mi primera responsabilidad era con mis hijos, así que inmediatamente respondí: «Tomaré el siguiente autobús a la capital».

Bill y yo corrimos a la terminal de autobuses, donde conseguí un asiento en un autobús que llegaría a San José a las 2 de la mañana. Nunca había viajado sola una distancia tan larga en transporte público en Costa Rica. Antes de abordar, Bill y yo oramos por misericordia al viajar y que una persona amable se sentara junto a mí.

Apenas me estaba acomodando en mi asiento cuando reconocí a un joven estudiante del Instituto Bíblico de las Asambleas de Dios, originario de San José. Se subió al transporte y se sentó a mi lado.

La mayoría de nuestros alumnos también eran pastores y este joven estaba tomando un autobús de conexión a su casa e iglesia. Él me conocía por el Instituto Bíblico y comenzamos a platicar. Nuestra conversación se centró alrededor de la bondad de Dios, pero él estaba hablando muy fuerte.

«¡No estoy sorda» pensé, «¿por qué me habla tan fuerte?».

Después me di cuenta de que su volumen no era para mi beneficio sino para los demás pasajeros que estaban escuchando atentamente su testimonio de la bondad de Dios. Si bien esta técnica de evangelización nunca hubiera funcionado en Estados Unidos, en Costa Rica no era poco común.

Eventualmente el joven pastor se levantó para bajarse en su parada. Al salir, una mujer se abrió paso desde la parte trasera del autobús para preguntarme: «¿Me puedo sentar junto a usted?».

Dejándose caer en el asiento que el joven pastor había desocupado, la mujer se presentó como Betty. Mientras el transporte avanzaba por el camino otra vez, Betty empezó a contarme acerca de su vida pasada. Ella se había alejado de su fe cristiana e iba a la iglesia solo por costumbre. Ahí mismo en el autobús, Dios le había hablado. Oramos juntas y ella se comprometió con Jesús otra vez. Luego le pregunté a Betty: —¿Vives en el pueblo en donde tomamos el autobús?

—No, solo fui de visita para llevar a mi hermana Nelly de regreso a su hogar y su familia.

Betty me explicó que su hermana había abandonado a su esposo y a sus cuatro hijos por un hombre de ese pueblo. El marido de Nelly había asistido a una vigilia de oración en donde le había pedido a Dios que trajera de vuelta a su esposa. A la mañana siguiente, mientras estaba arando su tierra, su tractor se volcó sobre él, lo aplastó y murió.

—Sabía que tenía que decirle a mi hermana —continuó Betty—. Pero no tenía su domicilio, solo sabía que vivía en ese pueblo. Cuando llegué, contraté un taxi para que me llevara por cada calle en busca de mi hermana.

Debido al calor extremo, las puertas y las ventanas estaban abiertas. Milagrosamente, mientras el taxista manejaba lentamente por una calle, Betty vio a Nelly recostada en una cama dentro de una pequeña choza. Cuando entró, se dio cuenta de que su hermana estaba enferma.

—¿Qué haces aquí Betty? —le preguntó Nelly—. Anoche soñé que venías por mí en un vestido azul. Y ahora aquí estás vestida de azul.

—He venido porque hay una crisis en tu familia —le respondió Betty—. Tienes que regresar conmigo de inmediato.

Levantándose lentamente de la cama, Nelly empacó sus escasas pertenencias en una bolsa de papel y se fue con su hermana. Betty me señaló a una mujer regordeta con una mirada hosca sentada al otro lado del pasillo junto a otra pasajera: «Ella es Nelly. Hermana Hilda, ¿puede hablar con mi hermana por favor? Ella es muy dura. No sabe que su marido ha muerto. Ella también necesita regresar a Dios».

Volviéndose a la mujer que estaba sentada junto a Nelly, Betty amablemente le preguntó si le gustaría intercambiar asientos conmigo. La mujer lo hizo feliz, ya que Nelly por su gordura, estaba acaparando la mayor parte del asiento. Me presenté con Nelly y le hice algunas preguntas generales. Ella se negó a hablar. En silencio le pedí a Dios sabiduría.

Por otra parte, el chofer del autobús manejaba como loco, rebasando a otros vehículos a velocidad máxima y virando bruscamente alrededor de los grandes hoyos y de las curvas en zig-zag, a pesar de que era un camino de terracería y había una densa niebla. Los pasajeros cada vez estaban más tensos y se aferraban a sus asientos. Finalmente le dije a Nelly: «Qué feliz estoy de estar lista para ir al cielo. ¡No estoy segura de que lleguemos a nuestro destino!».

Esto pareció impactar a Nelly. Después de escuchar por unos momentos las quejas temerosas y enojadas de los otros pasajeros, se quebrantó y me abrió su corazón. Durante la Semana Santa, Nelly se había enfermado. Su pareja estaba muy involucrado en la brujería, pero había aceptado visitar con ella la iglesia local de las Asambleas de Dios.

Como la iglesia estaba llena, la pareja se sentó en la última fila. Durante el mensaje, el pastor titubeó y después dijo las palabras que Dios le había dado: «Hay alguien aquí esta noche, a quien Dios quiere sanar, pero primero debe recibir su perdón».

Nelly supo que Dios le estaba hablando a ella. Pero su acompañante, incómodo por la atmósfera sagrada, la tomó y la arrastró hacia afuera. La siguiente semana, Nelly soñó que su hermana Betty venía a verla vestida de azul.

—Ahora aquí estoy —concluyó.

Rápidamente le respondí: —Nelly, esta es la primera vez que viajo sola por una distancia larga en un autobús costarricense. No planeé estar aquí, pero mi hija menor está enferma en San José, así que voy a cuidarla. Nelly, Dios te habló a través del pastor y luego en el sueño con tu hermana. Ahora estoy sentada junto a ti diciéndote que Dios te ama. Él te perdona y olvida tus pecados pasados. Esta es la tercera vez que Dios te está hablando. No sé si tendrás otra oportunidad.

Como si un volcán interno hubiera hecho erupción, Nelly comenzó a llorar incontrolablemente. Los pasajeros preocupados preguntaron si necesitaba ayuda médica. Yo les expliqué que ella estaba reconciliándose con Dios. Oramos juntas. Al final, con una sonrisa, Nelly dijo: «Hermana Hilda, todo lo que tengo en este mundo es esta bolsa de papel, pero tengo paz en mi interior. Voy a regresar con mi familia y a nuestra familia de la iglesia local».

A pesar del manejo errático del chofer, el autobús llegó a salvo a la terminal de San José alrededor de las 2:30 de la mañana. Mi hijo y el misionero colega que cuidaba de nuestros hijos estaban ahí para recogerme. Aunque todavía estaba preocupada por mi hija enferma, en mi interior estaba danzando de gozo.

Al manejar a casa, les compartí cuán divinamente estratégico había sido el viaje «no planeado» en autobús. Dos hermanas, Betty y Nelly, ambas caminando lejos de Dios, habían girado 180 grados hacia Él. Estaba muy emocionada. Ahora también estaba extremadamente agradecida por el pastor y estudiante de nuestro Instituto Bíblico, quien con su conversación en voz tan alta había atraído a estas dos mujeres para platicar conmigo.

Cuando llegamos a casa, encontré a Cheryl acurrucada en el piso del baño al lado del retrete donde había estado vomitando. Al levantarla y meterla en la cama, le dije suavemente: «Cheryl, Dios te usó para traerme a casa en un autobús donde dos mujeres le consagraron sus vidas a Jesús otra vez. Sé que Dios te va a sanar».

En ese momento oré por mi hija menor. Cuando Cheryl se enfermaba, típicamente era por tres días. Pero a la mañana siguiente al levantarme para preparar a mis hijos mayores para ir a la escuela, encontré a Cheryl sana por completo y lista para ir a la escuela.

Capítulo 26

Mi Papá Nos Envió a la Cárcel

Arenal es una región montañosa de Costa Rica que se encuentra a unas 80 millas (130 km) de San José. Esta región es conocida por el Arenal, un volcán activo, también por el Lago Arenal, que es el más grande de todo el país y por su excelente tierra volcánica, lo que la hace perfecta para el cultivo de café y de nueces de macadamia.

Durante el tiempo en que Bill y yo estuvimos trabajando en el pueblo cercano al Arenal, fuimos hospedados por los Murillo, una de las familias de la iglesia, en su plantación de café y nueces. Para la cena disfrutábamos del fresco pescado recién sacado del lago Arenal por los hijos de la familia Murillo.

En una de nuestras visitas a su casa, conocimos al patriarca de la familia, un señor de noventa y tres años, casi ciego. Sin embargo, él seguía trabajando un poco en el campo todos los días, y aunque lento, siempre caminaba una distancia significativa hacia la iglesia, a la que normalmente llegaba temprano y pasaba tiempo orando por la bendición de Dios durante el culto. Siempre tenía una sonrisa en su rostro y nunca lo escuchamos quejarse.

Nunca imaginamos la historia que había detrás del patriarca y su familia. Con el tiempo, Naomi, una de sus hijas, nos la contó.

En 1940, mucho antes del Concilio Vaticano II, cuando aún había mucha oposición a los evangélicos, cualquiera que rompía con la religión nacional dominante para leer la Biblia en su propio idioma y decidía alabar a Jesús sin la supervisión y el control de los sacerdotes católicos, era severamente perseguido.

Cuando Naomi era una niña, un creyente costarricense llamado Elías, visitó la casa de la familia Murillo y compartió con ellos las Buenas Nuevas de salvación y del amor de Jesús. Mientras que la mamá de Naomi recibió gozosa a Jesús en su corazón, su padre se opuso fuertemente.

Su madre leía la Biblia en español, cantaba himnos y oraba con Naomi y su hermana Christine todos los días. Sin embargo su padre rompió toda la literatura cristiana que su esposa tenía en casa y quemó su amada Biblia.

Un año después, la mamá de Naomi murió repentinamente debido a un ataque cardíaco. Su papá asumió que sin la influencia de su madre, sus dos hijas regresarían a la tradición religiosa de la familia. En lugar de eso, ellas continuaron siguiendo las enseñanzas bíblicas de su mamá.

En su desesperación, el padre de Christine y Naomi las envió a La Casa del Buen Pastor, una cárcel femenil en San José, supervisada por monjas católicas. Él creía que su adoctrinamiento rescataría a sus hijas de lo que pensaba que era un culto equivocado.

A los ocho y nueve años, Christine y Naomi se encontraban entre asesinas, ladronas y prostitutas. La comida era desagradable. Los domingos les daban una muda limpia de ropa, las forzaban a recoger café y a hacer tareas domésticas, y no podían asistir a la escuela.

También tenían prohibido hablar, excepto durante el corto tiempo de descanso. Por cada palabra que pronunciaban fuera del tiempo establecido recibían una infracción y por cada infracción, al siguiente domingo, tenían que sentarse en una silla, sin moverse por una hora.

Aunque las dos hermanas sufrían en esa extraña e impía atmósfera, siempre encontraban tiempo juntas para cantar en voz baja los himnos y repetir los versículos bíblicos que su mamá les había enseñado. El amor de Dios las animaba.

Un día las niñas escucharon de lejos a dos monjas hablando sobre ellas. Una de las monjas dijo: —Esas niñas son tan dulces. Este no es un lugar para ellas. Aquí solo aprenderán los malos hábitos de las criminales.

La otra añadió: —Su padre dijo que solo podrían regresar a casa después de hacer su Primera Comunión.

La Primera Comunión es una ceremonia católica en donde los niños participan por primera vez en una misa, un paso muy importante para ser confirmados por la Iglesia Católica. Esta ceremonía ocurre normalmente cuando los niños tienen entre siete y doce años. Involucra estudiar el catecismo católico así como hacer una confesión de pecados ante un sacerdote, quien según las enseñanzas católicas, tiene el poder de perdonar los pecados.

Naomi y Christine decidieron estudiar para hacer la Primera Comunión y así salir de la cárcel. La monja se alegró mucho cuando le pidieron hacer la ceremonia. Las hermanas aprendieron rápido el catecismo, pero ir al confesionario fue difícil para ellas. Después de recorrer la cortina de la pequeña abertura detrás de la cual se encontraba sentado, el sacerdote le preguntó a Naomi: —¿Por qué estás aquí pequeña?

—Porque acepté a Jesús como mi Salvador —respondió Naomi.

El padre de inmediato le dijo: —¡Deja la doctrina equivocada de Martín Lutero!

Naomi sin dudarlo le respondió que su fe no estaba en Martín Lutero, sino en Jesús y continuó citando una de las citas bíblicas que su madre le había enseñado: —Porque no me avergüenzo del evangelio, porque es poder de Dios para salvación a todo aquel que cree —citó Romanos 1:16.

Con una sonrisa, le dijo al sacerdote: —Puede encontrar eso en su Biblia.

El siguiente domingo, Naomi y Christine se vistieron con hermosos vestidos blancos y participaron del sacramento católico romano de la Primera Comunión. Según el acuerdo que su padre había hecho con las monjas, ese día las niñas dejaron atrás la lúgubre y solitaria prisión femenil, y estaban encantadas de regresar a casa otra vez.

Su padre también estaba feliz, pensando que la disciplina institucional había borrado a Jesús de sus vidas. Estaba equivocado. Esta adversidad solo sirvió para fortalecer su fe en Cristo.

Christine y Naomi cocinaban para sus hermanos mayores y su papá, quienes trabajaban en el campo, pero en secreto escuchaban programas de radio cristianos que les ayudaban a crecer espiritualmente. Cuando su papá las descubrió, vendió el radio.

Las chicas descubrieron que uno de sus tíos era creyente y hacía reuniones evangélicas en su casa. Lo visitaban cada vez que podían para aprender más sobre Jesús. Cuando su padre se enteró de lo que sucedía, cortó ramas de un olivo, fue a buscarlas y las azotó con ellas todo el camino a casa hasta que les sangraron las piernas.

Naomi le dijo: «Papá, puedes matarnos si quieres, pero nunca podrás quitarnos lo que hay en nuestros corazones».

Entonces, su padre decidió castigarlas de otra forma. Dejó de comprarles ropa y redujo la compra de alimentos, adquiriendo solo lo necesario para los hombres. Las niñas a veces comían un poco mientras cocinaban, pero a menudo se iban a la cama con hambre. Cuando se sentían demasiado débiles o enfermas por la falta de comida, visitaban la casa de uno de sus hermanos que ya era casado, y él les daba de comer.

Este hermano, logró convencer a su padre de que las dejara ir a San José a trabajar. En la providencia de Dios, Naomi encontró trabajo con una familia misionera. Trabajaba durante el día, lo que le permitía ir a la escuela por las noches. Ella y Christine comenzaron a asistir a una iglesia evangélica que encontraron, en donde crecieron espiritualmente y participaron cantando en el coro.

Con el tiempo, Naomi se casó con un buen joven cristiano. Dios bendijo a la pareja con cuatro hijos y una hija. Aunque el papá de Naomi no permitía que le hablaran sobre Jesús, ellos oraban por él todos los días.

Cuando el papá de Naomi tenía ochenta y cuatro años, recibió una visión de la mano de Dios extendida y su voz diciendo: «Recíbeme y te daré esta corona de vida».

Sin embargo, él seguía endureciendo su corazón. Dios volvió a revelarse a él con la misma visión, pero se negó a aceptar. Después de eso, enfermó gravemente, debatiéndose entre la vida y la muerte.

Por tercera ocasión, la visión vino a él. Esta vez, reconoció que Dios era quien le estaba hablando. Se arrepintió de sus pecados y aceptó a Jesús al igual que su corona de vida. De inmediato fue libre de todo su enojo y prejuicio y en cuestión de dos semanas, fue bautizado en agua.

La siguiente vez que Naomi vio a su papá, apenas podía hablar entre lágrimas de alegría y agradecimiento a Dios. Por primera vez, eran una familia unida en amor y servicio al Señor. Naomi y su familia invitaron a su papá a vivir con ellos en su casa, que es donde lo conocimos. Después de estar en contra de Dios por tantos años, él nos expresó cuán agradecido estaba con Dios por su gran misericordia para con él, y esperaba pronto ver a Jesús cara a cara.

Capítulo 27

Librado de la Muerte

Marcelino, un exalumno nuestro del Instituto Bíblico, pastoreaba una iglesia de las Asambleas de Dios en el pueblo de Arenal. De hecho, era una nueva ubicación, ya que el pueblo original que se encontraba a orillas del lago Arenal, se hundió cuando se construyó una gran presa hidroeléctrica, lo que ocasionó que el volumen del lago incrementara considerablemente y con ello, se pudiera proveer gran parte de la electricidad de Costa Rica.

El gobierno reconstruyó el pueblo entero en un terreno más alto al noreste del lago, incluyendo una nueva iglesia de las Asambleas de Dios para reemplazar la que se encontraba bajo el agua.

Sin embargo, aunque la iglesia contaba con un nuevo santuario, no tenían salones para la escuela dominical ni para el discipulado, para dar clases a los niños o para enseñar a los nuevos creyentes.

Marcelino nos invitó a Bill y mí a realizar un congreso, con duración de un fin de semana, para la enseñanza sobre la fe en la iglesia de Arenal. El cierre del congreso, el domingo por la tarde, incluiría una ofrenda de promesas de fe, con el fin de recaudar fondos para construir salones. Se le pediría a cada familia de la iglesia que se comprometiera a dar lo que pudiera.

El servicio vespertino del domingo fue una celebración gloriosa. Varios grupos musicales cantaron alabanzas a Dios. Marcelino explicó que cada familia podía acercarse al micrófono y anunciar su promesa. Después de eso tendrían treinta días para cumplir con su compromiso. Con calculadora en mano, el tesorero de la iglesia sumaba a la cuenta el valor de cada promesa.

Marcelino fue el primero, donando uno de sus dos becerros. La familia que nos hospedaba a Bill y a mí, prometió donar un enorme árbol de su granja para proveer tablas de madera para la construcción. El dueño de una fábrica de bloques, prometió donar materiales y equipo para hacer los bloques si los miembros de la iglesia estaban dispuestos a proveer la mano de obra.

Otra familia donó un cerdo. Una querida abuela, quien era experta tejiendo con gancho, se comprometió a donar veinticinco tapetes para que fueran vendidos. Un pequeño niño que vendía periódicos, prometió donar dos semanas de su salario. Otros prometieron gallinas, huevos, tortillas y empanadas.

Después, un hombre anciano de vestimenta humilde se acercó al micrófono con timidez. Se veía nervioso y con lágrimas en los ojos, compartió con tristeza que no tenía nada que ofrecer para contribuir más que trabajar para hacer los bloques. Poniendo su brazo alrededor de él, Bill abrió su Biblia en Éxodo 31 y empezó a leer los nombres de los artesanos que Dios había ungido para construir el tabernáculo.

Volteó a ver al anciano y le explicó que Dios había listado todos esos nombres en su libro sagrado porque eran importantes.

Le dijo que Dios veía sus lágrimas y su valiosa ofrenda. Añadió que en sus registros, Dios incluiría su nombre a la lista de los artesanos designados y bendecidos para construir los bloques de hormigón de su casa en Arenal.

El arrugado rostro del anciano se iluminó con una gran sonrisa cuando se dio cuenta de que era importante para Dios y que había aceptado su ofrenda de trabajo. La tarde se cerró con un fuerte aplauso y alabanza al Señor. La meta de la recaudación de fondos para la construcción de los salones había sido superada porque todos dieron con un corazón alegre y agradecido. Juntos, participamos en una fiesta verdaderamente sagrada de ofrenda a nuestro Señor.

Tiempo después, un viernes, Marcelino estaba terminando un tiempo de ayuno y oración cuando sintió que Dios le hablaba a través de un pasaje específico de los Salmos.

«Dios, nuestro Dios ha de salvarnos, Y de Jehová el Señor es el librar de la muerte» (Salmos 68:20).

Aunque Marcelino no entendió por qué Dios había puesto este versículo en su corazón, decidió confiar en Él. Ese día, escribió en su diario:

«Dios va a probarme de una forma inusual, pero en su amor, me ha asegurado que estará conmigo y me fortalecerá».

Esa misma tarde, Santiago, un colega del ministerio, concluyó una campaña evangelística en la iglesia de Arenal. La siguiente mañana, Santiago salió a pie para tomar un autobús de regreso a San José, mientras Marcelino lo ayudaba cargando su equipaje en la parte trasera de su pequeña motocicleta, planeando entregárselo a Santiago en la terminal de autobuses.

En el camino, mientras Marcelino avanzaba por el mercado al aire libre en el centro del pueblo, un jeep ignoró la señal del alto y chocó contra la motocicleta de Marcelino, quien salió disparado por los aires y aterrizó con fuerza en el pavimento.

El rechinido de las llantas y el sonido del metal crujiente, atrajo a cientos al lugar del accidente, incluyendo a algunos de los miembros de la iglesia. Inclinándose sobre su cuerpo, le impusieron las manos y oraron: «Amado Dios, ¡nuestro pastor no puede morir a causa de un terrible accidente! Por favor salva su vida y sánalo para tu gloria».

Durante los siguientes minutos, el mercado de los agricultores se convirtió en una reunión de oración, la cual incluía a tres monjas, quienes le dijeron a los miembros de la iglesia reunidos: «No podemos permitir que este siervo de Dios muera. Mientras ustedes cuidan de él, nosotras regresaremos a la iglesia católica para seguir pidiendo por él desde allá».

Mientras tanto, los amigos de Marcelino habían levantado con cuidado su cuerpo inerte y destrozado y lo llevaron a una clínica médica cercana. Docenas de personas los siguieron para ver si seguía vivo. El doctor de la clínica les informó que el casco de

Marcelino había protegido parcialmente su cabeza, sin embargo tenía rotas algunas costillas, ambas piernas, tenía hemorragia interna y trauma cerebral.

Cuando salió para dar su diagnóstico a los transeúntes preocupados, el médico declaró sin rodeos: «No puedo ayudarlo aquí. Necesitan llevarlo a la clínica de la ciudad, donde tienen mejor equipo médico. ¡Cada minuto cuenta, así que apúrense!».

Semiconsciente, Marcelino escuchó el diagnóstico del doctor y supo que estaba muriendo. Respiraba con dificultad mientras sus amigos lo llevaban en una camioneta a toda velocidad por un camino de terracería lleno de baches hasta la ciudad que se encontraba a dos horas de distancia. Sus piernas estaban paralizadas y no podía mover su cabeza.

Su clavícula dislocada y sus demás huesos rotos le causaban un dolor insoportable. Afortunadamente, pronto cayó en un profundo estado de inconsciencia.

Cuando llegaron a la clínica de la ciudad, el doctor no permitió que los amigos de Marcelino lo sacaran de la camioneta. Con una revisión superficial pudo confirmar el diagnóstico previo. Marcelino estaba muriendo y necesitaba llegar a un hospital de inmediato para realizarle cirugía de emergencia y detener el sangrado interno.

Cuando por fin llegaron a la sala de urgencias del hospital más cercano, ingresaron a Marcelino para tomarle una serie de radiografías y recibir los procedimientos médicos necesarios antes de poder llevar a cabo la cirugía. Sus amigos de la iglesia se quedaron en la camioneta orando por la misericordia de Dios y sanidad.

A medida que los médicos de urgencias examinaban las radiografías de Marcelino, más se confundían. Las radiografías más recientes, parecían provenir de una persona completamente diferente. No mostraban rastro de acumulación de sangre por una hemorragia interna ni tampoco había evidencia de algún hueso roto. Marcelino ya podía mover sus piernas.

Envueltos en un dilema, los doctores transfirieron a Marcelino al área de observación, le volvieron a tomar radiografías y le hicieron varios análisis para descubrir que su condición seguía mejorando. Más tarde, ese mismo día, un especialista llegó para explicarle a Marcelino sus resultados.

«Es increíble lo que te sucedió. Cuando llegaste, tenías múltiples fracturas y sangrado interno. Vimos la muerte en tu rostro. Teníamos planeado operarte de inmediato para intentar salvar tu vida. Pero de repente, mientras te tomábamos radiografías, tus signos vitales se estabilizaron y vimos la chispa de la vida regresar a tus ojos. Te mantendremos en observación por un par de horas más, pero al parecer ya estás sano».

Marcelino no tenía duda de que Dios lo había sanado. Fue dado de alta pronto y caminó sin ayuda hasta la camioneta en la que sus amigos se encontraban orando. Alabaron juntos al Señor por haber salvado la vida de su pastor y amigo. Cuando Marcelino releyó lo que había escrito en su diario la noche anterior al accidente, se dio cuenta de lo que Dios le había querido decir. Al igual que en el versículo que leyó en los Salmos, Dios literalmente lo había librado de la muerte.

Cuando la camioneta se detuvo en Arenal ese sábado por la tarde, las noticias se esparcieron como fuego: «¡El pastor está vivo! ¡Está caminando! ¡Ha sido sanado!».

Al siguiente día, la iglesia estaba repleta para el servicio dominical matutino. Muchos más miraban a través de las puertas y ventanas, para ver al milagro andante. Marcelino leyó el versículo que Dios le había dado en Salmos 68:20 y testificó: «Por el poder de Dios he sido salvado, he sido librado de la muerte y estoy aquí vivo frente a ustedes».

Muchos aceptaron a Jesús como su Salvador ese día. En un pueblo considerado duro de corazón e incambiable, Dios usó el accidente de Marcelino como un testimonio visible de la existencia de Jesús.

Capítulo 28

¡Ay No, Mi Curita!

El problema no era la cortada en el pulgar de Luis. Era su curita. Eliet, la esposa de Luis, una de mis amigas más cercanas en Costa Rica, compartió esta historia conmigo. Luis se había lastimado mientras reparaba la escalera en su pequeña casa, cuando accidentalmente golpeó su dedo con el martillo, en lugar del clavo. Su pulgar sangraba y se le puso negro, así que decidió envolverlo en un curita.

Luis trabajaba para la planta de procesamiento de leche más grande de Costa Rica, donde cubría el turno nocturno en el departamento encargado de la elaboración de leche en polvo. Esa noche, mientras procesaba un enorme tanque de leche, su curita ensangrentado cayó de su dedo al tanque. El enorme contenedor repleto de polvo blanco era demasiado profundo como para empezar a buscar el curita. ¡Había desaparecido!

Esto era una catástrofe para la familia de Luis. Miles de pensamientos se acumularon en su mente. Si alguien reportaba que había descubierto un curita ensangrentado dentro de su lata de leche en polvo, la reputación de su producto de alta calidad estaría en grave peligro. Luis había estado trabajando solo esa noche, por lo cual, una inspección revelaría que el curita le pertenecía a él.

Si confesaba, el lote entero sería retirado de circulación, se desperdiciarían miles de galones de leche y él sería despedido, dejando a su familia sin una fuente de ingresos. Eso significaba que no habría arroz ni frijoles en casa para alimentar a su esposa y a sus cinco hijos, tampoco podrían comprar uniformes para la escuela de los niños ni tendrían dinero para pagar la renta de su casa.

La mañana siguiente, cuando terminó su turno, Luis regresó a casa con pesar en el corazón. Su expresión facial le reveló a Eliet que algo no andaba bien. Él le contó lo que había pasado en el trabajo aquella noche.

Ella respondió: «Amor, no hay forma en la que podamos salir de esta, así que oremos».

Se arrodillaron juntos y clamaron a Dios diciendo: «Tú nunca nos has fallado porque hemos confiado en ti. Ahora estamos en problemas. No sabemos qué hacer. Dios, por favor ayúdanos. Ponemos este curita en tus manos, confiando en que resolverás el problema».

Pasaron días y semanas. Siempre había sido un empleado fiel, trabajador y daba lo mejor para llevar a cabo su labor. La compañía procesaba miles de latas y bolsas de leche en polvo al día para suplir la demanda nacional, además de exportar sus productos a otros países, pero nunca se supo nada de un curita dentro del producto.

Como un bono adicional al pago mensual, la empresa regalaba a cada uno de sus cientos de empleados una lata de leche en polvo. Un mes después, Eliet abrió su lata para preparar el desayuno de sus niños. Arriba del polvo blanco, vio un objeto oscuro y enrollado que definitivamente no pertenecía al producto. ¿Sería una cucaracha? ¡No podía ser! ¡Sí, era de hecho el horrible y ensangrentado curita de Luis!

Eliet agradeció a Dios mientras lloraba. Corrió a enseñarle a Luis lo que había encontrado y ambos le explicaron a sus hijos el increíble milagro. Su humilde hogar se convirtió en una capilla de adoración. De forma sobrenatural, Dios había llevado a su hogar la lata que contenía el curita de Luis. Juntos, como familia, adoraron al Señor por su misericordia y cuidado. Luis continuó trabajando en la planta de leche, manteniendo un excelente registro en su productividad.

Las historias de la intervención divina de Dios, durante nuestra estancia en Costa Rica son interminables. Otra de ellas fue de un veterano de la guerra de Vietnam llamado Dave Roever. Mi esposo lo había invitado a Costa Rica a compartir su increíble testimonio. Sus cicatrices hicieron que fuera fácil identificarlo cuando llegó al aeropuerto de San José.

Dave servía en Vietnam con la división especial de guerra de la Marina de los Estados Unidos, cuando una bala que le pegó en la mano hizo explotar una granada de fósforo blanco justo cuando estaba a punto de lanzarla. Su cuerpo se quemó tanto que quedó irreconocible y fue declarado muerto varias veces, pero Dios lo salvó de forma milagrosa. Recibió numerosos reconocimientos militares, incluyendo el prestigioso Corazón Púrpura.

Su don de comunicación, su fe en Cristo y la maravillosa forma en la que se recuperó, sirvieron como una plataforma para que pudiera compartir su testimonio con las tropas militares de

Estados Unidos alrededor del mundo, en congresos juveniles y en programas televisivos importantes a nivel nacional.

Dave y su esposa fundaron el programa Eagles Summit Ranch (Rancho Cumbre de Águilas) en Colorado, donde ayudan a tropas americanas y a otros a recuperarse de heridas traumáticas.

Disfrutamos mucho la semana que Dave pasó con nuestra familia en Costa Rica. Nos enseñó fotos de antes y después del incidente que reflejaban su doloroso proceso. Él tocaba muy bien el piano, a pesar de que solo tenía cinco dedos. Solía bromear diciendo que tocaba «de oído», mientras se retiraba un aparato auditivo para tocar.

Cada noche, lo llevamos a una iglesia diferente de las Asambleas de Dios donde Bill traducía su impresionante testimonio. Los costarricenses, rápidamente pudieron ver el amor y compasión que Dave sentía por ellos, más allá de sus muy visibles cicatrices así que lo apodaron «el hermano amor».

En otro pueblo llamado Escazú, Bill y yo sabíamos que la conferencia evangelística que teníamos planeada involucraría una guerra espiritual. Escazú era conocido en Costa Rica por sus prácticas de ocultismo. Los periódicos anunciaban la venta de fetiches para proteger las casas contra los temblores.

Rentamos un cine para usarlo como centro de reunión y el dueño del lugar no nos dejó quitar los anuncios obscenos de las paredes. Pero teníamos fe en que Dios podría revelarse en ese oscuro y perverso pueblo.

Poco antes del primer culto, estábamos orando juntos cuando una joven entró al cine y comenzó a arrancar los asientos atornillados al piso, arrojándolos alrededor del salón con fuerza sobrehumana.

Antes de que pudiéramos alcanzarla, unos oficiales de policía se apresuraron a arrestarla. Nos enteramos de que la chica traficaba drogas y que estaba involucrada en el ocultismo, como muchas otras personas en el pueblo que estaban atrapadas en las trampas malignas de Satanás.

Comenzamos la conferencia con poca respuesta de parte de los asistentes. Un escudo maligno parecía impedirnos alcanzar los corazones de las personas. Pero durante el culto final, el domingo de Pentecostés, presenciamos un gran avance en el ámbito espiritual.

Al menos doscientas personas asistieron a la reunión. Muchos aceptaron a Cristo y veintidós personas recibieron el don del Espíritu Santo. Estos nuevos creyentes fueron el corazón y núcleo de una iglesia llena del Espíritu en Escazú.

Muchos meses después, recibimos una carta de Bangor, en Maine (Estados Unidos), que decía:

«Querido hermano Bradney, soy un diácono de la iglesia. Recientemente comencé a interceder en oración por ustedes. Hace unos meses tuve una experiencia inusual. Le escribo para saber si era de parte de Dios. Una noche me desperté y vi su cara. Usted estaba parado con una Biblia abierta, rodeado por poderes demoníacos que resistían sus esfuerzos para predicar. Sabía que tenía que orar, aunque me era difícil salir de mi cama calientita. Oré hasta que vi que el anillo de demonios se rompió. Dígame, ¿esta experiencia fue de parte de Dios?».

Cuando Bill revisó la fecha de su experiencia, descubrió que a este diácono lo levantaron de su cama para orar la noche antes del domingo de Pentecostés, cuando Dios derramó su Espíritu en Escazú. Con mucho gozo y agradecimiento, le respondimos al diácono: «Hermano, ¡tenía razón! Si el Señor le vuelve a pedir que ore, por favor obedezca».

Hoy, Escazú tiene muchas iglesias en crecimiento llenas del Espíritu. La oración de un diácono en Maine, transformó un bastión demoníaco y ocultista, a miles de kilómetros de distancia en Costa Rica.

Capítulo 29

Cinco Dólares y un Padre Celestial

En 1980, regresamos una vez más a los Estados Unidos en un viaje para afianzar relaciones con las iglesias e individuos que apoyaban nuestro ministerio. Nos hospedamos en un departamento del Overseas Ministries Study Center (Centro de Estudios de Ministerio en el Extranjero) en Ventnor, Nueva Jersey.

Mientras compartíamos sobre nuestro ministerio a las iglesias y nos reconectábamos con nuestra familia y amigos, recibimos una carta sorpresa de Bangalore, India, que nos informaba que mi papá llegaría a Nueva York en solo tres días.

Aunque estábamos encantados de ver a mi papá después de tantos años, no sabíamos cómo podríamos ir a recogerlo al Aeropuerto Internacional Kennedy, ya que Bill estaba viajando para compartir sobre nuestro ministerio y solamente teníamos un coche.

Al revisar su calendario, Bill se dio cuenta de que tenía un compromiso una noche antes de la llegada de mi papá a solo unos kilómetros del aeropuerto. Tenía libres los dos días siguientes, así que podría recoger a mi papá y traerlo hasta donde nos estábamos hospedando. Solo Dios pudo coordinar tan perfectamente las agendas de mi papá y mi esposo.

Habían pasado varios años desde su último viaje desde la India, y la ropa de mi papá estaba muy desgastada, además de que descubrimos que había llegado con solo cinco dólares en su cartera. Le ofrecimos comprarle un traje y zapatos para cuando compartiera en las iglesias estadounidenses, pero se negó enfáticamente a dejarnos gastar nuestro dinero en algo para él.

Entonces, le propusimos visitar la tienda de segunda mano de la iglesia más cercana, donde nosotros junto con otros colegas misioneros, que veníamos de países tropicales, podíamos encontrar ropa abrigadora para pasar los fríos inviernos de los Estados Unidos.

Mi papá estuvo de acuerdo. Gracias a la generosa provisión de Dios, encontramos en la tienda dos trajes completamente nuevos que incluso todavía traían la etiqueta. Eran de la talla de mi papá y de sus colores favoritos. También encontramos camisas con corbatas combinables y zapatos de buena calidad. Hallazgos de este tipo son inusuales en ese tipo de tiendas, ya que normalmente solo reciben ropa usada.

El domingo que mi papá ministró en una iglesia local de las Asambleas de Dios, la congregación quedó asombrada por la unción con la que compartía la Palabra de Dios. También se veía muy guapo. De acuerdo con la vida de ministerio de mi papá en la India y alrededor del mundo, una vez más fuimos testigos de cómo Dios no está limitado por los cinco dólares en nuestro bolsillo.

Él planea y provee divinamente cuando lo obedecemos. Eventualmente, mi papá fue enterrado en unos de esos trajes, que para entonces ya estaba muy usado.

El lugar donde nos hospedamos durante nuestro año en los Estados Unidos, estaba a solo dos cuadras del océano Atlántico. Bill estaba en una gira compartiendo, cuando recibimos la alerta meteorológica de que se aproximaba un huracán. Yo quería que los niños experimentaran el poder y la majestad de Dios, así que nos aventuramos al exterior, agarrándonos unos a otros con fuerza entre los fuertes vientos.

Las enormes olas rompían contra el muro de contención más cercano y la intensidad de los vientos crecía con tanta fuerza que caminábamos casi de forma horizontal. Finalmente tuvimos que sujetarnos de la barda de la calle para arrastrarnos de vuelta a casa, completamente empapados.

Reflexionando después sobre esa aventura, dos de nuestros hijos la describieron como asombrosa, mientras que el otro dijo con mucha certeza: «Mamá, ¡lo que hicimos fue muy peligroso!».

Ese año en los Estados Unidos llegó a su fin. Tuvimos varias despedidas dolorosas, ya que por primera vez tuvimos que regresar a Costa Rica con solo uno de nuestros tres hijos. Con diecinueve años, Ruth había terminado su primer año de universidad en Southeastern College (ahora Universidad Southeastern), en Lakeland, Florida, a donde debía regresar para continuar con sus estudios en el otoño.

Una despedida aún más dolorosa fue con nuestro hijo Phil de diecisiete años, quien no se encontraba en el camino del Señor. En nuestros últimos dos años en Costa Rica, su popularidad en la escuela internacional a la que asistía lo había llevado a elegir malas amistades.

Otro factor negativo fue nuestra actitud hacia su amor por el futbol, de la cuál después nos arrepentimos. Debido a que los deportes no eran parte de mi trasfondo, yo no entendía que Phil necesitaba nuestro apoyo en su involucramiento atlético. Bill estaba tan ocupado con el ministerio, que el futbol tampoco estaba dentro de sus prioridades.

Preocupados por el futuro de nuestra familia, Bill nos convocó a una reunión familiar. Les dijimos a nuestros hijos que estábamos dispuestos a permanecer en los Estados Unidos si eso era lo mejor para ellos.

Todos nuestros hijos coincidieron en que Bill y yo debíamos volver a Costa Rica con Cheryl. Ruth ya estaba lista para seguir en la universidad. Por otro lado, se abrió una oportunidad para que Phil asistiera a la preparatoria Ben Lippen, una escuela cristiana para hijos de misioneros en Asheville, Carolina del Norte.

Phil estaba emocionado, y Bill y yo sentíamos que una estructura con atmósfera cristiana, en una escuela con altos estándares académicos y mucha diversión con otros jóvenes cristianos ayudaría a nuestro hijo en esta etapa crítica de su vida.

Phil, junto con los papás de Bill, su hermana y cuñado, nos acompañaron al aeropuerto para despedirnos al regresar a Costa Rica. Antes de abordar, Bill oró por Phil, reiterándole el mandamiento de Jesucristo en Mateo 6:33: «Mas buscad primeramente el reino de Dios... y todas estas cosas os serán añadidas».

Nos despedimos con un abrazo y nos dirigimos por el largo pasillo hacia la sala de abordar. Confiábamos en que Dios cuidaría de la vida espiritual de Phil, mientras nosotros obedecíamos su llamado de regresar Costa Rica. Sin embargo, eso no nos quitaba el dolor de dejar a nuestro amado hijo.

Phil nos gritó a lo lejos: «¡No se preocupen por mí! ¡Puedo cuidarme solo!».

Eso era precisamente lo que nos preocupaba. Él no quería someterse al señorío de Cristo.

De vuelta en Costa Rica, nuestras vidas se llenaron rápidamente con actividades del ministerio. El pastor de nuestra iglesia en San José le pidió a Bill que predicara en el culto de Año Nuevo. Cada asiento de la iglesia estaba ocupado y había jóvenes sentados en los escalones de la plataforma del altar, mientras Bill nos retaba a amar y servir fielmente a nuestro Señor durante el próximo año.

Mientras los jóvenes respondían al reto que Bill les planteaba, su corazón clamaba: «Dios, gracias por estos amados costarricenses que sinceramente te ofrecen sus corazones y talentos. Pero ¿dónde está mi hijo? ¿En alguna fiesta? ¡Hoy es la víspera de Año Nuevo! ¡Por favor habla al corazón de Phil!».

Ya había pasado la medianoche cuando regresamos a casa. A las 3 de la mañana, Bill y yo nos estábamos quedando dormidos cuando una llamada nos sorprendió. Al responder el teléfono, una operadora contestó: —Esta es una llamada por cobrar de Philip Bradney. ¿Acepta los cargos?

Nuestro primer pensamiento era que Phil estaba en problemas. De inmediato Bill preguntó: —¿Qué pasó?

—Nada, papá —respondió Phil con emoción—. ¡Por primera vez, todo está bien!

Phil nos compartió que había empezado a salir con una compañera de la escuela que se llamaba Karen y que ella lo había invitado a su iglesia para escuchar predicar a la misionera y escritora Elizabeth Elliot. Durante el culto, Dios le habló fuertemente a Phil y él había rendido su vida al Señor. Con los años, Karen se convirtió en nuestra asombrosa y amada nuera y el compromiso de vida de Phil con Jesucristo continúa hasta hoy.

Fue la mejor celebración de Año Nuevo que pudimos haber tenido. Dios cumple fielmente sus promesas cuando primero buscamos su Reino.

Capítulo 30

Más Encuentros Divinos con Estudiantes

Las historias de vida de nuestros estudiantes y sus encuentros con Dios, eran de mucho ánimo. A principios de los años 80, cuando Bill y yo dábamos clases en el Instituto Bíblico de las Asambleas de Dios en San José, fuimos testigos de la diligencia y crecimiento espiritual de una estudiante llamada Sandra. Cuando no estaba en clases, ella enseñaba, evangelizaba, animaba y oraba casi en todas partes en Costa Rica. Un día me compartió su historia.

Era la víspera de Año Nuevo y Sandra de diecinueve años bailaba alocadamente con sus amigas, al compás de las canciones de rock. Juntas celebraban la llegada de un nuevo año con drogas, alcohol y cigarrillos. Pero Sandra se sentía completamente sola. Su novio estaba furioso porque ella se rehusaba a cumplir con sus deseos de tener intimidad física.

Con ojos llorosos, miró la majestuosa costa caribeña de su ciudad natal. La luna brillaba en la blanca espuma de las olas, las estrellas destellaban como diamantes en el aterciopelado fondo negro del cielo nocturno y las palmeras se mecían con gracia en la suave brisa tropical.

Sandra pensó: «Si Dios creó este mundo tan hermoso, ¿por qué soy tan fea?».

Reflexionó sobre su pasado. Sus papás la abandonaron cuando tenía dieciocho meses de nacida. Había vivido con diferentes familiares, sin saber si alguno de ellos la amaba en realidad. Siempre se sintió como una intrusa, por eso, cuando cumplió doce años, se dio por vencida y probó las drogas, buscando algo que la llenara.

Las drogas pronto se apoderaron de ella y comenzó a robar dinero para su adicción. Sus viejos y deslavados pantalones de mezclilla y su descuidado cabello, reflejaban su confusión y desesperanza interna.

Entonces llegó esa noche de Año Nuevo. Se encontró drogada y sola con la hermosa creación caribeña de Dios. Empezó a recordar los programas Ahí hablaban de un Dios de amor. ¿Cómo podía amarla Dios si había permitido que creciera con tanto odio y pecado?

Totalmente consciente de su pecaminosidad, Sandra clamó desesperada: «Dios, si de verdad existes y me amas, por favor quita de mí el odio y el vacío que siento. ¡Por favor perdóname y hazme bella!».

Al instante, sucedió un milagro. Por lo general, Sandra permanecía intoxicada por varias horas después de consumir las drogas, sin embargo, en cuestión de minutos su mente se despejó y pudo pensar con claridad.

Mientras ella clamaba a Dios, el Señor fue limpiando el odio y su pecado, y lo reemplazó con su amor. Su mundo parecía completamente diferente. A la mañana siguiente, cuando despertó, estaba llena de un gozo que quería compartir con todos a su alrededor.

Ese domingo, mientras Sandra caminaba y disfrutaba de su nuevo y transformado mundo, escuchó música en vivo. Provenía de una iglesia de las Asambleas de Dios. La letra de la canción hablaba sobre cómo la fe en Jesucristo puede salvar a los pecadores.

Entró para escuchar la música y la predicación. Todo le parecía hermoso y extraño a la vez. Cuando hicieron el llamado para pasar al altar, Sandra aceptó públicamente a Jesucristo como su Salvador. Esa noche, regresó para estar en el culto vespertino.

Durante la siguiente semana, se deshizo de todas sus cajetillas de cigarros, pues el humo le provocaba náuseas y se dio cuenta de que ya no necesitaba las drogas. Dos semanas más tarde, estaba alabando a Dios en su recámara cuando de pronto empezó a hablar en un lenguaje que ella no conocía. Esa tarde, antes del culto en la iglesia, le preguntó al pastor por qué había pasado eso.

«Jesús te llenó de su Espíritu Santo para hacerte un fiel testigo suyo», le explicó.

Emocionada, Sandra se ofreció como voluntaria para limpiar los pisos y los baños de la iglesia. Tiempo después le dijo al pastor: «¡Quiero hacer más!».

Él le sugirió que compartiera lo que Dios había hecho por ella en su colonia. Sandra comenzó a compartir en las calles y de casa en casa sobre las buenas nuevas de que Jesús podía cambiar a otros tal como la había transformado a ella. Conforme fue creciendo espiritualmente, su pastor le recomendó que estudiara en el Instituto Bíblico, a lo cual accedió.

Un día, mientras estudiaba en el Instituto, Sandra compartió conmigo su deseo de enseñar sobre la Palabra de Dios en un país con necesidad. Oramos juntas por dirección divina. Después de su graduación, el superintendente general de las Asambleas de Dios en Costa Rica la invitó a enseñar en un Instituto Bíblico de habla hispana en Orange Walk, Belice, donde una pareja servía como los primeros misioneros costarricenses de las Asambleas de Dios.

Sandra estaba feliz. Me dijo: «Siento que estoy en armonía con Dios y su pueblo. Por fin me siento bella. Me hizo hermosa para traerle gloria a su nombre».

Eduardo, un nicaragüense de dieciocho años, también compartió su historia conmigo. Su hermana y su cuñado estudiaban en el Instituto Bíblico. Durante su adolescencia en Nicaragua, era extremadamente violento. En ocasiones hasta echaba espuma por la boca al ser poseído por fuerzas demoníacas destructivas. Su familia le tenía miedo.

Su abuela, que vivía a un lado de su familia, amaba a Jesús. Ella oraba por y con Eduardo, lo llevaba a la iglesia y le leía la Biblia. Aunque era rebelde, él amaba a su abuela y sabía que ella también lo amaba mucho. Cuando tenía dieciséis años su abuela murió, lo que lo llevó a pensar en la vida después de la muerte. Él sabía que su abuela estaba con Jesucristo, a quien había servido con fidelidad.

Después de que se graduó de la preparatoria, estudiaba por las noches para ser contador y en las mañanas trabajaba en una agencia gubernamental. Cuando un partido socialista tomó el control de Nicaragua, Eduardo estaba emocionado por las promesas de paz, prosperidad y una mejor calidad de vida para los pobres que les ofrecía el nuevo régimen.

Pero los mandatarios comenzaron a establecer políticas comunistas que resultaron en hambre, pobreza, miedo y esclavitud para el pueblo nicaragüense.

Un viernes por la mañana, el papá de Eduardo le dijo: «Hijo, siento que hoy no deberías ir a trabajar».

Eduardo se quedó en casa ese día. Después descubrió que las autoridades del gobierno habían llegado a su lugar de trabajo para enlistar por la fuerza a Eduardo y a otro joven al servicio militar. Él no quería luchar por el régimen comunista, pero no sabía cómo evitarlo. Algunos de sus amigos se dispararon en una pierna o en un brazo para no ser considerados aptos para el servicio militar. Sin embargo, Eduardo no quería arriesgarse de esa forma.

Se escondió por veintidós días en la casa de uno de sus amigos. Mientras tanto, su hermana en el Instituto Bíblico en San José, junto con otros parientes cristianos oraron para que pudiera escapar. Gracias a una serie de milagros, pudo comprar un boleto de avión a San José. Al pasar por la aduana en el aeropuerto, Eduardo le pedía a Dios en silencio que impidiera que los guardias lo detuvieran y entregaran a las autoridades militares.

El guardia miró sus documentos y su boleto y bruscamente le ordenó: «¡Adelante!».

Eduardo suspiró con alivio. Dios había contestado su oración y por fin estaba a salvo. Cuando el avión aterrizó, la hermana de Eduardo y su esposo estaban ahí para recibirlo. Camino al Instituto Bíblico, él miraba con asombro a los jóvenes jugar futbol en las calles sin miedo de ser apresados por los militares. Ya no tenía que ocultarse o preocuparse por lo que podría pasarle. Era libre.

En el Instituto Bíblico, Eduardo vio a un grupo de jóvenes de su edad alabando a Dios y estudiando su Palabra. Tratando de procesar lo que estaba viendo, concluyó: «Dios me bendijo con libertad. Estoy en deuda con Él. Debo entregarle mi vida».

Arrodillándose junto a su hermana en la capilla, Eduardo aceptó a Jesús como su Señor y Salvador. Estaba muy feliz de ser libre en lo espiritual y en lo político. Desde ese día en adelante, dedicó su energía, sus horas y sus talentos a compartir la bondad de Dios con otros.

Capítulo 31

Los Tiempos Perfectos de Dios

La presidenta internacional de *Women's Aglow Fellowship* (ahora *Aglow Internacional*) asistió a la convención regional de Aglow Centroamérica en Costa Rica, donde compartí la Palabra. Nos conocimos en ese evento y me invitó a predicar en las convenciones nacionales de 1984 en Denver, Colorado y Knoxville, Tennessee.

Sentí que Dios había programado esta invitación, así que lo platiqué con Bill, quien se ofreció a cubrir mis responsabilidades de enseñanza durante ese tiempo si nuestra agencia misionera me daba permiso de asistir a las convenciones. Cuando nuestro director me dio luz verde, confirmé mi participación.

También quería visitar a nuestros tres hijos, que ya para entonces estaban viviendo todos en los Estados Unidos. Nuestra hija mayor, Ruth, ya estaba casada y vivía con su esposo en Lakeland, Florida. Nuestro hijo Phil estaba estudiando en King´s College, una universidad cristiana en Nueva York. La más pequeña, Cheryl, asistía a la preparatoria Ben Lippen en Asheville, Carolina del Norte.

Estaba planeando el viaje cuando Bill y yo recibimos la noticia de que Ruth y su esposo estaban esperando su primer bebé.

Revisando mi calendario, me di cuenta de que mi escala en Florida posiblemente coincidiría con el nacimiento de nuestro primer nieto.

En los tiempos perfectos de Dios, llegué a Florida la misma noche en la que Ruth inició su trabajo de parto. Nuestro amado Bobby nació al siguiente día.

Tuve la oportunidad de tener en mis brazos a ese hermoso regalo de Dios para nuestra familia, además de ayudar a Ruth durante sus primeros días de maternidad. Partí a la convención de Aglow en Denver, Colorado, agradeciendo a Dios por acomodar los tiempos para que mi viaje coincidiera con el nacimiento de mi primer nieto.

El cuarto de hotel que me asignaron en Denver era para dos personas, así que invité a mi hermana Pauline a acompañarme. Ella vino desde Big Fork, Montana, donde ella y su esposo pastoreaban una iglesia. En los tiempos libres entre las actividades y los servicios, disfrutamos un maravilloso tiempo juntas como hermanas.

La vista desde los enormes ventanales del centro de convenciones de Denver donde fue la conferencia, daban testimonio de la gloria de Dios. Mientras estaba sentada en la plataforma, esperando para pasar a predicar, podía ver el sol brillando sobre los majestuosos y nevados picos de las montañas Rocosas. Tal belleza confirmaba el Salmo que las mujeres estaban entonando sobre la tierra llena de la gloria de Dios (Salmo 72:19).

Sin embargo, a pesar de la belleza y la música de adoración, yo estaba tensa y preocupada. En silencio, le dije a Dios: «Sí Dios, veo la tierra llena de tu gloria, pero hay una pequeña parte de esta tierra que necesita de tu gloria con desesperación. Recuerda, Señor, que me gana la risa. En Latinoamérica, me siento como en casa cuando predico porque las personas saben que las amo y yo sé que perdonan mis errores. Pero aquí hay cientos de mujeres que nunca antes he visto, de todas partes de Estados Unidos. Pagaron mucho dinero por estar hoy aquí en este lujoso hotel. Señor, si no me llenas de tu gloria, ¡no sé si podré ponerme de pie frente a ellas para predicar!».

Al instante, en silencio una joven violinista dejó la orquesta. Caminó hacia mí, se inclinó y me susurró: «Solo quería que supiera que usted es una vasija de barro escogida por Dios y que la está llenando de su gloria para que proclame su Palabra».

¡Guau, qué respuesta tan inmediata de parte de Dios! Mis lágrimas de agradecimiento se llevaron todas las dudas. Llena de confianza me puse de pie y compartí lo que Dios me había dado para esas preciosas mujeres. Más tarde en el elevador, cuando iba rumbo a mi cuarto, una mujer me preguntó: —¿Eres la persona que predicó esta tarde en la convención?

—Sí, soy yo —respondí.

Me dio un fuerte abrazo y me dijo: —¡Me encantó lo que compartiste y ví la gloria de Dios sobre ti!

Me sentí humildemente honrada al pensar que Dios llenó una vasija de barro débil y defectuosa como la mía, para traerle gloria y hacer evidente que el poder supremo de su mensaje proviene de Él y no de sus siervos (2 Corintios 4:7).

Karen, la novia de Philip, asistía a la misma universidad que él. Ambos me recogieron en el aeropuerto y me llevaron hasta su escuela donde, amablemente, Karen me dejó su cama para dormir aunque ella tuvo que dormir en el piso. Fue muy especial poder conocer a nuestra futura nuera Karen y a sus padres.

—¿Dónde es tu próxima convención? —me preguntó Phil.

—En Knoxville, Tennessee —le contesté.

—Está a un par de horas de Ben Lippen —señaló Phil.

Revisamos el mapa y llamé a Cheryl: —¿Me acompañarías a Knoxville, Tennessee, donde voy a predicar en la convención de Aglow?

Cheryl estaba muy emocionada de poder acompañarme a Knoxville. Su personalidad alegre bendijo a todos los que conoció y disfrutamos mucho de los momentos especiales juntas como madre e hija, riendo, compartiendo y yendo de compras entre los cultos. Cuando por fin volví a Costa Rica, mi corazón estaba rebosando de gratitud a nuestro Padre celestial.

Solo Dios pudo haber planeado un viaje lleno de trabajo ministerial que además incluyó visitas gratuitas a cada uno de mis tres amados hijos, mi primer nieto, mi hermana e incluso a nuestra futura nuera. De principio a fin, fue verdaderamente una demostración amorosa y llena de gracia de que los tiempos de Dios son perfectos.

Capítulo 32

Lo Bello de Lo Feo

Vera, nuestra amada amiga y cocinera del Instituto Bíblico, llevaba muchos años casada con Gerardo, el cuidador del Instituto. Dios los bendijo con dos hijos sanos antes de que él muriera en 1980 a la temprana edad de 35 años.

Aunque su esposa era una devota seguidora de Jesús y él conocía bien del evangelio, Gerardo nunca había tomado la decisión de someter su vida al señorío de Jesucristo. Dios le habló por medio de una visión, pero el impacto duró solo unos días. Los testimonios del Instituto Bíblico y sus estudiantes a menudo le recordaban del poder transformador de Jesus, pero Gerardo seguía rechazando ese poder en su propia vida.

Cuando Gerardo cayó enfermo, los doctores diagnosticaron su dolor como una condición severa del sistema nervioso. Después, descubrieron un cáncer muy avanzado y agresivo en su hígado. Durante su tiempo en el hospital y mientras su cuerpo respondía al tratamiento, Gerardo reflexionó sobre cómo había desperdiciado su vida.

Finalmente, le pidió a Dios que lo perdonara y que lo convirtiera en su hijo. Cuando regresó a casa, su familia y amigos notaron de inmediato el cambio en sus hábitos y actitudes.

Con el tiempo, Gerardo se volvió a enfermar. Se confirmó que el cáncer había regresado y el especialista le informó que no le quedaba más que un mes de vida. Pasó sus últimas semanas con su familia y sus amigos, leyendo la Biblia, orando y disfrutando y alabando a Dios.

Cuando Bill y yo lo visitamos, percibimos la presencia de Dios y pudimos ver su gloria reflejada en el rostro de Gerardo. Aunque su cuerpo estaba deteriorado, su espíritu estaba cerca de Jesucristo y estar con él fue como tener una probadita del cielo.

Gerardo fue escoltado por los ángeles a su hogar celestial. En su funeral, decenas de no creyentes escucharon cómo él había experimentado el perdón y la gracia de Dios. Cinco años después, acompañé a Vera a presenciar la exhumación de los restos de su esposo. Esta práctica es común en Costa Rica, ya que los cementerios rentan los lotes en lugar de venderlos.

Debido al alto costo de la renta, los ataúdes son exhumados a los cinco años y los restos son trasladados a una pequeña caja que es enterrada en un lote más pequeño.

Vera y yo temíamos lo que nos esperaba, así que tratamos de enfocarnos en la bondad de Dios mientras manejábamos. Nos recordamos mutuamente que el plan maestro de Dios siempre es para su gloria y nuestro bienestar, incluso una vida que acabó tan pronto como la de Gerardo. Nos detuvimos para comprar una maceta de crisantemos amarillos en un puesto de flores junto a la carretera.

Cuando llegamos al cementerio, un trabajador desenterró el ataúd con un pico y una pala. La madera estaba en buenas condiciones, pero las manijas y las bisagras de metal estaban oxidadas. Abracé muy fuerte a Vera mientras el trabajador abría la tapa del ataúd. Nuestros ojos se llenaron de lágrimas y dolor por lo que vimos.

El pantalón de pana color vino, la camisa gris de flores y los calcetines beige de Gerardo seguían intactos, sin embargo la carne se había ido de los huesos. El cráneo estaba ahí con la mandíbula dislocada. El cabello largo había caído sobre la almohada y los dientes sueltos con algunos empastes de oro yacían sobre la camisa. Largas uñas colgaban sueltas de los huesos de los dedos y un olor horrible penetraba en el aire.

Uniéndosenos, el administrador del cementerio comentó: —Desearía que todas las personas ricas y orgullosas pudieran ver esto. En el momento en el que morimos, el dinero, las casas, el prestigio, la ropa y la educación tienen poca importancia. Los cuerpos de los famosos y de los vagabundos enfrentan el mismo destino. Todos regresamos al polvo.

—Es verdad —asentí—. Pero a todos los que aman a Jesús, Dios les da entrada a su divina presencia. Ese no es el verdadero Gerardo, son solo los restos de su cuerpo terrenal. Como él aceptó a Jesús como su Salvador, Dios le dio la bienvenida a su eterno hogar hace cinco años, donde ahora disfruta de la hermosura de la presencia de Jesucristo.

Pude ver cómo esta perspectiva fue de consuelo para Vera. El trabajador, con mucho cuidado, puso los huesos de Gerardo en una nueva y pequeña caja de madera y lo aseguró con clavos. Lo seguimos hasta donde enterró la caja en otra sección del cementerio. Vera puso los crisantemos amarrillos arriba de la tierra fresca con la que cubrieron la caja.

De regreso a casa, Vera y yo platicamos sobre el cielo, los seres queridos que se nos adelantaron y sobre todo hablamos sobre nuestro Señor y Salvador. Juntas oramos pidiendo que nunca estuviéramos tan preocupadas por la vida terrenal, que nos olvidáramos de tener la perspectiva eterna.

Queríamos escuchar a Jesús dándonos la bienvenida a nuestro hogar eterno, tal como lo dicen las Escrituras: «Bien, buen siervo y fiel; sobre poco has sido fiel, sobre mucho te pondré; entra en el gozo de tu señor» (Mateo 25:21).

Cinco años después de la muerte de Gerardo, su cuerpo se redujo a huesos y polvo. Pero el verdadero Gerardo estaba disfrutando de la abundante vida eterna con Jesucristo.

Otra historia que sucedió en esa época hizo que me indignara y enojara mucho, al menos en ese momento. Un día muy temprano por la mañana, conduje hasta el pie de un gran cerro en las afueras de San José junto con Sylvia, la hija adolescente de unos compañeros misioneros. Desde allí subimos por una ladera fangosa.

El motivo de nuestra visita era averiguar cuántos niños de los que vivían en esta ladera podrían ser estudiantes potenciales para una nueva escuela cristiana que se estaba construyendo cerca. Gracias a la generosidad de los creyentes estadounidenses, la escuela proporcionaría una educación basada en la Biblia, uniformes, atención médica y una comida nutritiva al mediodía.

Cuando llegamos a la cima de la colina, Sylvia y yo nos quedamos atónitas al ver tanta pobreza y las terribles condiciones de vida. Las chozas improvisadas con lo que estaba disponible albergaban principalmente a madres con niños pequeños.

No había calles, agua corriente ni electricidad. Para llegar a la escuela más cercana en otra colina, los niños tenían que deslizarse cuesta abajo y luego atravesar un arroyo de flujo veloz y peligroso. Un niño ya se había ahogado mientras intentaba cruzar la fuerte corriente.

Mientras anotábamos los nombres y las edades de los niños, las madres estaban agradecidas y emocionadas por la posibilidad de tener una escuela cristiana. Una madre le dijo a su hija que nos mostrara la muñeca que Dios le había dado en respuesta a sus oraciones.

Nos contó que María había estado orando fielmente por una muñeca, pero su trabajo como empleada doméstica apenas le proporcionaba una comida al día para sus tres hijos. Aunque la madre deseaba poder cumplir el deseo de su hija, sabía que no había dinero para juguetes.

Entonces, una tarde, mientras acarreaba agua del río, María vio algo extraño que sobresalía del montón de basura de la comunidad. Parecía un brazo. Escarbando, rápidamente desenterró una muñeca maltratada. Su rostro estaba desfigurado, solo tenía un brazo y parte de una pierna. Pero María le sacudió con cuidado la tierra y acunó la muñeca en sus brazos, agradeciendo a Dios por haber escuchado su oración.

Corriendo a casa con su tesoro, María imaginó la historia de esta muñeca herida: «Desobedeciste a tu mamá y cruzaste una calle de la ciudad sin mirar a ambos lados. Un coche te atropelló. Sin nadie que te ayudara, quedaste discapacitada. Pero ahora, yo cuidaré de ti».

María nos mostró con orgullo su muñeca envuelta en una manta de trapo. Hice todo lo posible por admirarla, aunque era la muñeca más fea que había visto en mi vida. Mientras Sylvia y yo caminábamos colina abajo y conducíamos a casa, estaba enojada y desconsolada por haber presenciado la tragedia de tantas madres tratando de defender y cuidar de sus hijos con tan pocos recursos.

Mientras cambiaba mis enlodadas ropas, clamé a Dios: «No es justo, Señor. María oró por una muñeca. Si yo fuera tú, le hubiera dado una muñeca hermosa con un cabello para trenzar y un hermoso vestido. ¡Ve la muñeca que le diste!».

Entonces, sentí la respuesta de Dios a mis críticas: «María me pidió una muñeca y le di una muñeca. Ella está cuidando de su muñeca. Yo amo a María. La estoy preparando no para que se preocupe por muñecas, sino para que aprenda a cuidar de personas con profundas heridas y necesidades».

Quebrantada, acepté con humildad esta lección de vida y supliqué perdón a Dios por juzgarlo a Él y a sus regalos. El siguiente año, durante nuestro viaje a los Estados Unidos para conectar con nuestros socios ministeriales, conté la historia de la muñeca en la escuela dominical para niños. Profundamente conmovida, una pequeña niña que vivía junto a la iglesia, corrió a su casa y regresó con una hermosa muñeca.

Dijo con emoción: «Quiero que María tenga mi muñeca favorita, ¿podrías llevársela?».

Yo estaba encantada de hacerlo. Muchos años después en el 2005, cuando fui profesora en la Valley Forge Christian College (Universidad Cristiana Valley Forge), mientras disfrutábamos de un postre en nuestra casa el primer día de clases, volví a compartir la historia de la muñeca fea con los nuevos estudiantes.

Al escuchar la historia una chica dijo: «Hermana Hilda, yo conozco a la niña que le dio la muñeca para María. Es una amiga muy cercana y me contó la historia. Ella también es estudiante aquí y se está preparando para servir al Señor».

Capítulo 33

Adiós, Costa Rica

B ill y yo amábamos mucho a los costarricenses y nos sentíamos amados por ellos. Habíamos visto una explosión de las Buenas Nuevas de Dios tanto en la capital como en las comunidades rurales.

Sin embargo, nuestros queridos colegas y líderes de campo, Bill y Hope Brooke, quienes ahora enseñan y predican en muchos países de Latinoamérica, cada vez que volvían a Costa Rica, compartían con nosotros sus cargas: «Dios está trabajando de una forma muy marcada en Costa Rica. Hay otros países con mucha necesidad».

Después de escucharlos, Bill y yo comenzamos a platicar sobre ello muy seriamente. El ministerio en Costa Rica tenía líderes capaces, tanto misioneros como nacionales. Nuestros hijos ya habían crecido y vivían en los Estados Unidos. Ambos estábamos sanos y podíamos considerar invertir el resto de nuestros años de ministerio en un país con más necesidad.

Le escribimos a nuestro director de área y nos refirió a nuestro director de misiones, quien se emocionó por la posibilidad de movernos a un nuevo país. Bill y yo comenzamos a aprender de la historia de injusticia, guerra, pobreza y resistencia al evangelio en Paraguay, en Sudamérica.

Al igual que en toda Latinoamérica, Dios estaba transformando el panorama evangélico de ese país. Tan solo en los últimos cuatro años, de 1984 a 1987, las iglesias de las Asambleas de Dios habían crecido en más de mil por ciento. Cientos de personas estaban encontrando el propósito de Dios para sus vidas.

Como consecuencia, la necesidad de maestros bíblicos entrenados y líderes de ministerios era enorme. Un nuevo Instituto Bíblico de las Asambleas de Dios se construyó en Asunción, la capital del país, y necesitaban un director. Pronto recibimos una invitación de parte de la iglesia nacional paraguaya para que Bill dirigiera la escuela.

También preguntaron si yo podría dirigir la oficina de Impacto de las Asambleas de Dios en Paraguay, que era el centro por el cual pasaban decenas de maestros a corto plazo, voluntarios, equipos de construcción, etc.

Aunque fue doloroso decir adiós a los costarricenses y colegas misioneros con los que crecimos y a quienes amamos y apreciamos, sentimos que Dios nos estaba guiando hacia esta nueva aventura en Paraguay.

En 1986, en nuestro viaje para afianzar relaciones con las iglesias e individuos que apoyan el ministerio, invitaron a Bill a servir como misionero y profesor visitante en la Central Bible College (Universidad Bíblica Central) en Springfield, Missouri, impartiendo cursos de misiones a cientos de jóvenes que buscaban la voluntad de Dios para sus vidas con gran pasión.

Nuestra hija Ruth y su familia se habían mudado de Lakeland, Florida a Springfield, Missouri, así que disfrutamos nuestro tiempo conociendo a nuestro nieto Bobby quien, para ese entonces, ya era un niño pequeño. Al mismo tiempo, Bill y yo dedicamos un semestre para estudiar en el Seminario Teológico de las Asambleas de Dios. En 1987, me gradué con honores de la Maestría.

Terry, una de las estudiantes de Bill en la Universidad Bíblica Central, se cuestionaba sobre el amor de Dios. Se había casado con un joven llamado Norbert, quien era el líder musical y de alabanza en una iglesia en Wisconsin.

Disfrutaban de una cálida relación matrimonial, nutrida por su mutuo amor por Dios y por el otro, pero sentían que algo faltaba. Terry y Norbert querían hijos, pero después de tres años de infertilidad, los estudios mostraban una posibilidad entre un millón para poder concebir.

Un guerrero de oración de su iglesia recibió una profecía de parte de Dios, diciendo que Terry concebiría en mayo de 1985. Eso fue exactamente lo que pasó, pero a solo cuatro meses de su embarazo, sufrió un aborto y perdió al bebé. Confundida y con el corazón roto, ella clamó a Dios: «¿Por qué permitiste que de forma milagrosa concibiera, solo para quitarnos a nuestro bebé?».

Aunque no lo entendían, Terry y su esposo eligieron confiar en el plan de Dios para sus vidas. Celebraron una segunda luna de miel en las hermosas montañas rocosas del Parque Nacional Banff en Canadá, aferrándose el uno al otro, y a Dios. Al regresar a casa, se deshicieron de toda la ropa de bebé y de sus sueños de tener un hijo.

En diciembre de ese año, Terry recibió una llamada a media mañana preguntándole por qué su esposo no había llegado a trabajar. Después de intentar contactarlo sin éxito, Terry llamó a la policía para iniciar una búsqueda. Unas horas después, le informaron que habían encontrado el automóvil de Norbert y a él muerto al volante.

Perder a su joven esposo tan poco tiempo después de haber perdido a su bebé fue un gran golpe para ella. Terry sintió como si se hubiera sometido a una cirugía mayor y ahora le faltaba una parte de sí misma.

Le preguntó a Dios: «Señor, ¿en realidad me amas? ¿¡Primero mi bebé y ahora mi amado esposo!?».

Durante el siguiente año, Terry vivió un intenso duelo. Deseaba morir para reunirse con su esposo y su hija en el cielo. Sin embargo, cuando ella clamaba a Dios, Él la consolaba. Se sumergió profundamente en su Biblia y la Palabra de Dios la sostenía.

De forma gradual, aprendió a decir «yo» en lugar de «nosotros». En sus noches de soledad, aprendió a reconocer la dulce voz de su Salvador y Él se convirtió en un esposo divino para su triste corazón de viuda. Ella rendía cada decisión a la guía de Dios y Jesús le daba amor y vida cada día.

Un año después de perder a su bebé y a su esposo, Terry se inscribió en la Universidad Bíblica Central. Ella pensó que era lo suficientemente fuerte como para estar tan lejos de sus amigos y familiares. Pero la soledad le causaba un gran sufrimiento y de nuevo comenzó a llorar sin poder controlarse.

Entonces una compañera la invitó a un discipulado estudiantil en nuestra casa. Después de una deliciosa comida mexicana, todos nos reunimos para alabar. Un profesor que estaba de visita y que nunca había visto a Terry antes, compartió que había recibido palabra del Espíritu Santo de que alguien en el cuarto estaba sufriendo y con el corazón roto. Continuó diciendo: «Jesús quiere que le des cada uno de los pedazos de tu roto corazón y Él va lo va a restaurar».

Terry supo que Dios le estaba hablando a ella. Comenzó a llorar y le entregó su pulverizado corazón. El Señor la comenzó a sanar al mismo tiempo que ella descansó en su presencia. La mañana siguiente, ella tomó su lugar para cantar en el coro y entonó una canción que surgió de su corazón restaurado. Al terminar sus compañeros les preguntaron: «Terry, ¿qué pasó? ¡Tu cara está radiante hoy!».

Más tarde en ese semestre, Terry escuchó de un viaje ministerial a la Ciudad de México que Bill y yo codirigiríamos junto con otro miembro de la facultad durante las vacaciones de primavera. Ella quería ir, pero los registros ya se habían cerrado. Luego, Bill tuvo que cancelar su participación porque su papá cayó enfermo, lo que dejó una vacante libre para Terry.

Camino al aeropuerto, Terry y yo platicamos con dos jóvenes del equipo sobre la dicha de casarse en la voluntad de Dios. Durante el tiempo del viaje, Terry desarrolló una buena amistad con uno de esos dos jóvenes, Don Bader. Ese verano, sirvieron juntos en una misión de corto plazo en Nairobi, Kenia. En agosto, se casaron.

La vida de Terry no había sido como la planeó originalmente. Pero cuando los que ella amaba tan profundamente le fueron arrebatados, Jesucristo se mantuvo fiel. Él se convirtió cada día en algo más bello para ella, dándole mucho más de lo que pudo haber soñado o planeado. Con seguridad ahora podía decir: «¡Sí, Cristo me ama!».

Don y Terry disfrutan de un maravilloso matrimonio. Dios les dio dos hermosas hijas. Sirven como misioneros locales a estudiantes y profesores de universidad asiáticos en Wisconsin. El Dr. Don también imparte cursos intensivos anuales de liderazgo en países asiáticos.

Capítulo 34

Empezando de Nuevo

En enero de 1988, Bill y yo llegamos a Paraguay, un pequeño país muy por debajo del ecuador en Sudamérica. Parecía que estábamos en un planeta completamente diferente de Costa Rica. Aunque el idioma seguía siendo el español, todo lo demás era diferente: el acento, los dichos, el gobierno, la perspectiva del mundo, la dieta, el clima, la tierra, la arquitectura, el código de vestimenta, el trasfondo racial y la historia.

A diferencia de la pacífica democracia de Costa Rica, Paraguay llevaba más de tres décadas bajo el gobierno de un dictador autoritario, Alfredo Stroessner. La mayoría de la población era guaraní, una tribu indígena discriminada y dominada por la aristocracia española.

Aunque nunca habíamos visitado ese país y no conocíamos a nadie ahí, pronto desarrollamos relaciones cercanas y un ministerio efectivo. Conocimos nuevos lugares, dichos y costumbres, y aprendimos a manejar en las concurridas intersecciones sin señalizaciones ni semáforos.

También probamos nuevos platillos y bebidas como el chipá, un delicioso pan de elote que podíamos comprar en puestos callejeros y el mate, un té con alto contenido de cafeína que se bebe con pajillas de plata en lugar del café.

Seis años antes de nuestra llegada, hubo cuarenta campañas de evangelismo de las Asambleas de Dios que resultaron en numerosas iglesias plantadas, tres escuelas primarias cristianas y un Instituto Teológico en Asunción, la capital. Sin embargo, aún había muchas villas y poblados paraguayos sin presencia del evangelio.

Bill tomó la dirección del Instituto Teológico y yo coordinaba las misiones de corto plazo, el evangelismo, la enseñanza a distancia y la construcción de equipos. Bill y yo también dábamos clases en el Instituto Teológico.

Edith fue una de mis estudiantes en nuestro primer año en Asunción. El odio y la amargura habían envenenado a esta joven y tímida mujer. La sofocaban como un tumor creciente. Ella no había visto ni escuchado nada de su madre en los últimos cuatro años. Pero todo cambió en la Navidad de 1988.

A la edad de tres años, Edith ya se hacía cargo de cuidar a su hermano de un año, mientras su hermana Felicia, de nueve años, y su madre trabajaban. Otra de sus hermanas llamada Isabel que era solo un poco mayor que ella, vivía con un pariente. Un día, su hermanito, ya enfermo de diarrea, comenzó a vomitar.

Sin la ayuda de un doctor o de cualquier otra persona, el niño murió, dejando a Edith cargando con la culpa de su muerte. Al poco tiempo, su madre tuvo otro bebé llamado Celso, del novio más reciente de su mamá. A Edith y a su hermana las obligaban a decirle papá a este hombre.

Cuando era adolescente, la madre de Edith había practicado brujería y ahora trataba de hundir su pecaminosa vida en el alcohol. Edith estaba aterrada cada vez que la vajilla volaba por su casa debido a la actividad demoniaca. A menudo, su madre gritaba diciendo que había visto fantasmas en el patio. Finalmente, dejó a su novio cuando él intentó violar a Felicia.

Se mudaron a Puerto Pinasco, un puerto bastante concurrido en el río Paraguay. Cuando Porfirio, el capitán de un barco le ofreció a la madre de Edith ser su amante, ella abandonó a sus hijos para irse a vivir al barco con él. Los hermanos fueron dejados a su suerte y vivieron miserablemente, sufriendo por la falta de comida.

Un año después, la madre de Edith regresó para llevarse a Felicia, de catorce años, y al pequeño Celso con ella. Forzó a Felicia a ser la amante de un hombre mayor a cambio de dinero y ropa. Edith fue enviada a donde vivía su hermana Isabel, con una mujer cruel que las golpeaba y les daba de comer las sobras de los perros.

Edith se sentía muy sola y sin amor y a menudo lloraba sola en las noches hasta que se quedaba dormida. Durante el día, trataba de olvidar su horrible vida imaginando que vivía en un mundo de fantasía.

Eventualmente, las dos hermanas se mudaron con su madre y su novio Porfirio. Él siempre cargaba un cuchillo y un arma. Cuando estaba borracho, golpeaba a los niños y amenazaba a su madre. Después de una gran pelea, por fin la madre de Edith se separó de él. Edith sintió un gran alivio, pero su madre pronto encontró un nuevo novio.

A sus nueve años, Edith había llegado a la conclusión de que su madre simplemente era una mala persona. Esto la enfureció cada vez más, sobre todo cuando su madre los volvió a abandonar, dejándolos andar por las calles en busca de algo para comer y durmiendo juntos a la intemperie, llenos de miedo.

Con el tiempo encontraron a su madre con otro hombre llamado Alonso. Al principio, parecía amable y alimentaba a los niños, pero pronto hubo peleas y celos. La madre de Edith dejó a Alonso para vivir con otro hombre que no trabajaba. Edith y su hermana Isabel tenían que vender fruta en las calles para mantener a su familia.

Edith ya odiaba a su madre. Todas las malas experiencias con los novios de su mamá hicieron que también odiara a todos los hombres en general. Su hermana Isabel se convirtió en su seguridad y su única amiga. A los doce años, intentó en varias ocasiones suicidarse, tomando veneno y cortándose. Recibió muchas propuestas sexuales de hombres, pero siempre las rechazaba. Estaba decidida a no seguir los pasos de su madre.

Cuando cumplió catorce, la familia se mudó a Asunción, la ciudad capital. Su vecina, una cristiana, le dijo a Edith que Dios la amaba. Ella jamás había escuchado esas palabras antes. Sola en la noche, pensó en Dios. Por primera vez, sintió una expresión del amor de Dios a través de la amabilidad de su vecina, que incluso les invitaba algo de comida a los jóvenes hermanos. Edith prefería pasar el tiempo en la pacífica casa de esta amable mujer que en la suya.

Un día Edith le preguntó si podía acompañarla a la iglesia. Ese domingo, Edith entró al pequeño templo con su vecina y sintió como si entrara al cielo. Era hermoso, con cantos alegres. Cuando el líder de la alabanza pidió que los nuevos visitantes se pusieran de pie, con timidez Edith se forzó a ponerse de pie.

Muchas personas se acercaron a abrazarla. Se sintió amada. Cuando hicieron el llamado al altar, ella repitió la oración de arrepentimiento con el pastor. Se sintió muy diferente de vuelta a casa, tenía una sonrisa en el rostro mientras caminaba.

Para este punto, Isabel ya se había mudado a otra ciudad, y Felicia, su hermana mayor llevaba mucho tiempo lejos de ellos. Edith trabajaba como empleada doméstica durante el día y asistía a la escuela por las noches. Un día cuando regresó de la escuela, su madre salió de prisa de su casa sin siquiera saludarla.

Cuando la chica entró, encontró a un hombre extraño sentado en su cama. El hombre trató de violarla, pero ella peleó con todas sus fuerzas hasta que logró escapar. Gritando, corrió hasta el otro lado de la calle hasta que alcanzó a su madre.

—¿Por qué me dejaste sola con ese hombre? —la cuestionó.

—Porque quise —respondió bruscamente su madre. Edith se dio cuenta de que su madre quería hacer con ella lo mismo que había hecho con su hermana Felicia: intercambiar la dignidad de su hija por un bien económico. Esto hizo que la odiara aún más.

Edith se ponía muy feliz cuando su vecina le pedía que trabajara en su casa. La amable mujer se convirtió en una segunda madre para Edith. Juntas crecieron espiritualmente. A ella le encantaba leer la Biblia y pronto la bautizaron. En la escuela nocturna, ella compartía de Jesús con sus amigos y maestros, quienes a menudo la buscaban para recibir consejo.

Una noche mientras Edith oraba y ayunaba en su habitación, recibió el bautismo del Espíritu Santo y el llamado de servir a Dios de tiempo completo. Dios proveyó de forma milagrosa la cuota para su registro, los libros y el costo del autobús que necesitaba para asistir al Instituto Teológico, donde se convirtió en mi estudiante.

Un día, Edith pidió una cita conmigo. Compartió conmigo sus dolorosos secretos. Después de un tiempo de consejería y oración, ella perdonó a su madre. Esa mañana de noviembre, las cadenas de odio y amargura se rompieron.

La animé a que expresara su perdón a su madre. Para entonces, habían pasado cuatro años desde la última vez que supo donde vivía. Cuando intentaba localizarla, Edith recibió una carta de su madre, que estaba viviendo en Concepción, una pequeña ciudad en un puerto del río Paraguay, a unos cuatrocientos kilómetros de Asunción. Su hermana Isabel también quería reconectarse con su madre, así que juntas prepararon un viaje en bote hasta Concepción.

El 23 de diciembre, las hermanas localizaron la cabaña en la que vivía su madre, con su novio alcohólico y sus hijos más recientes de siete, tres y un año. Los pequeños estaban muy sucios y hablaban con malas palabras. Al principio su madre no las reconoció. La abrazaron llorando de alegría.

Entonces Edith le contó del regalo de Dios en la Navidad: su Hijo. Le explicó que Jesús podía cambiar la vida de su mamá así como había cambiado la suya. También le dijo a su madre que la amaba y la perdonaba por abandonarla y maltratarla cuando era niña. Oraron juntas y su madre aceptó a Jesús. Fue el mejor regalo de Navidad.

Las chicas convencieron a su mamá de volver a Asunción, donde podrían ayudarla. Reunieron las pocas pertenencias de la pequeña choza y tomaron un bote de regreso a Asunción donde encontraron una pequeña casa para alquilar. Una vez que regresaron a casa, Edith tomó el rol de madre, estableció reglas acerca de la administración del dinero, hábitos de descanso, de limpieza, asistencia a la iglesia y cuidado de los niños.

Poco a poco, con oración diaria, la Palabra de Dios y paciencia, pudieron ver cambios positivos. Las cicatrices de tantos años de su vida de pecado continuaban, pero la madre de Edith siguió creciendo espiritualmente.

Cuando Edith se graduó del Instituto Teológico, ya no era tímida ni amargada como cuando llegó por primera vez, sino que caminó con confianza y sonriendo por la plataforma para recibir su diploma de manos de mi esposo. Más tarde se convirtió en maestra de escuela. A lo largo de los años, pudo compartir del amor de Dios con innumerables niños que habían experimentado traumas similares y muchos aceptaron el regalo transformador de Dios de la vida abundante.

A lo largo de ese primer año en Paraguay, continuamos siendo testigos de muchos milagros, tanto en las campañas de evangelización como en las vidas de los estudiantes y jóvenes. Una joven de veintiún años llamada Chongue sufría de una úlcera avanzada que no había respondido a ningún tratamiento o dieta.

En una campaña de evangelismo, recibió a Cristo como su Salvador, luego colocó sus manos sobre su estómago y oró por sanidad, según las instrucciones de un evangelista invitado de los Estados Unidos, Tom Waggoner. Inmediatamente sintió que el poder de Dios la sanaba y celebró con un festín de alimentos que no había podido comer durante meses.

José, un vendedor ambulante, había desarrollado una grave infección en su pie, por lo que le resultaba muy doloroso empujar su carrito por las calles empedradas. Después de que el evangelista Roy Brewer oró por él en una campaña, José causó conmoción pisoteando y gritando: «¡Dios ha sanado mi pie!».

Un sábado, Antonio, estudiante de segundo año, viajó a un aislado pueblo guaraní donde una sonriente mujer llamada Juana lo recibió. Anteriormente, Dios había puesto en el corazón de Juana que debía buscar una iglesia evangélica para ser sanada de las cataratas que la habían estado cegando durante dos años.

Con su hija como guía, asistió a una iglesia de las Asambleas de Dios en Asunción, donde Antonio servía como tesorero. Se curó al instante y su regreso a casa sin necesidad de una guía llamó la atención de todo su pueblo.

Debido a que invitar a sus familiares y amigos a viajar a Asunción no era práctico, Juana invitó a Antonio a venir y compartir el evangelio con su pueblo. Hablando en guaraní, Antonio compartió el plan de salvación. Casi todo el pueblo levantó la mano para aceptar a Cristo como su Salvador y así nació una nueva iglesia.

En octubre de 1988, una ventana de tan solo veinticuatro horas dio un vistazo de la obra de Dios en Paraguay. Un viernes a las 8 de la noche, un estudiante coreano, Daniel Ko, que había sido salvo y discipulado en Paraguay, llamó para decirnos que él y su esposa habían sido invitados a organizar un programa de evangelización para jóvenes coreanos y de habla hispana en la ciudad de Nueva York.

A las 10 de la noche, algunos de nuestros estudiantes se unieron a varios jóvenes cristianos locales para una velada de oración en una iglesia cercana. A las 2 de la mañana, dos meseros que regresaban a casa de su turno en un restaurante cercano se sintieron atraídos por el canto. Entraron en la iglesia, donde los jóvenes los llevaron a Jesús. Al día siguiente, la madre de un mesero y dos hermanas adolescentes vieron su cambio positivo y aceptaron a Cristo.

Ese sábado a las 4 de la tarde, tuvimos una fiesta de despedida para los voluntarios de ministerio de corto y largo plazo de diferentes países. El punto culminante de la fiesta fue Bernard, quien compartió cómo un accidente automovilístico lo había dejado con muletas hasta que Dios lo transformó y lo sanó en una campaña que estos voluntarios ayudaron a hacer posible.

Otro estudiante recordó que en un año, nueve integrantes de su familia inmediata habían aceptado a Cristo y veinte de su familia extendida estaban sirviendo al Señor. Él mismo estaba pastoreando una congregación creciente de más de cuatrocientos asistentes.

Concluyó: «Dios les dio a ustedes. Ustedes me dieron a mi. Yo estoy dando a otros».

Las veinticuatro horas terminaron a las 8 de la noche, cuando Bill compartió en una conferencia juvenil de fin de semana en San Lorenzo. Más de treinta adolescentes escucharon el evangelio por primera vez, repitieron la oración de salvación y dejaron el lugar caminando con Cristo.

Capítulo 35

Un Año Difícil

E l año de 1989 fue difícil para Bill y para mí y, de hecho, para todo Paraguay. Ya habíamos pasado por la tristeza de la pérdida del padre de Bill tras pocos meses de haber llegado a Paraguay. Beebop, como lo llamaban todos los nietos y los hijos de los vecinos, había sufrido durante muchos años de una enfermedad cardíaca.

Al despedirse en el aeropuerto, llevó a Bill aparte y le dijo con cariño: «Hijo, esta es la última vez que te veo. Sé fiel a Dios. Predica la Palabra. Te estaré esperando tras las puertas de perla».

Como era su costumbre, los padres de Bill habían asistido al culto del miércoles por la noche. Después del culto, se quedaron en el altar mientras Beebop guiaba a un joven al Señor. Regresaron a casa, donde Beebop comió como siempre una galleta con un vaso de leche antes de acostarse a dormir.

A la mañana siguiente, la abuela despertó temprano y se deslizó a la cocina para preparar el desayuno. Regresó a su dormitorio para despertar a Beebop y fue cuando descubrió que él ya estaba disfrutando del cielo.

Cuando se enteró de la muerte de Beebop, el joven que el padre de Bill había llevado a Cristo la noche anterior prometió que tomaría el lugar de Beebop para servir a Dios. No pudimos viajar a casa para el funeral, pero en honor a Beebop, el Instituto Teológico clausuró las actividades y los estudiantes y profesores se amontonaron en nuestra pequeña casa alquilada para orar con nosotros y entonar cantos de nuestro hogar celestial.

Luego, en febrero de 1989, el general Andrés Rodríguez encabezó un golpe militar contra el dictador Alfredo Stroessner y su mandato de treinta y cinco años. Esa noche me invitaron a predicar en un retiro nacional de mujeres en un campamento rural. Las mujeres se quedaron a pasar la noche para el evento que duraba dos días, pero yo me fui a casa después de que terminó el culto de la tarde.

Era cerca de la medianoche cuando llegué a la carretera principal, la cual iba del aeropuerto de Asunción a la ciudad. Decenas de tanques del ejército se dirigían a la ciudad. Me pregunté cuál sería la razón, pues era demasiado tarde para un desfile militar. Quizás estaban llevando los tanques a la ciudad para preparar un desfile al día siguiente.

Me abrí paso entre dos tanques y saludé a los jóvenes soldados mientras conducía con ellos. Me había desviado de la carretera principal hacia nuestra casa cuando escuché lo que pensé que eran fuegos artificiales, algo típico en cualquier celebración en Latinoamérica. ¿Habría alguna festividad local de la que no estaba enterada?

Cuando llegué a casa, Bill se alegró mucho de verme. Inmediatamente preguntó: «Cariño, ¿tienes idea de lo que está pasando? Es un golpe militar. Lo que escuchas no son fuegos artificiales sino disparos y granadas. El presidente Stroessner ha sido derrocado y los generales militares se han hecho cargo de todas las comunicaciones».

Como residentes extranjeros en Paraguay, estábamos registrados en la embajada de los Estados Unidos para casos de emergencias y por seguridad. Bill era el enlace entre la embajada y nuestro equipo misionero de las Asambleas de Dios. La embajada se puso en contacto con mi esposo para aconsejar que todo nuestro personal estadounidense y otros expatriados permanecieran dentro de sus casas.

Durante toda la noche, mi esposo escuchó las noticias de la BBC en la radio de onda corta mientras yo llamaba a cada miembro del equipo, pidiéndoles que tomaran precauciones y que mantuvieran la calma, para luego orar juntos. Cuán agradecida estaba de estar a salvo en casa mientras otros estaban atrapados en el fuego cruzado del golpe militar.

Finalmente, la situación política se calmó. Stroessner huyó al exilio en Brasil. Rodríguez se convirtió en presidente y se votó por una nueva constitución que permanece hasta el día de hoy, y que da lugar a elecciones libres con un límite de un solo período presidencial de cinco años y que no permite reelecciones. Era una reacción a la toma de poder de treinta y cinco años de Stroessner.

Pero 1989 siguió siendo difícil. Bill fue coordinador del equipo misionero de las Asambleas de Dios en Paraguay. La mayoría de sus responsabilidades eran agradables, y constantemente veíamos a Dios interviniendo en respuesta a los que lo buscaban de corazón. Pero tuvimos que confrontar y despedir del ministerio a varios compañeros debido a su mala conducta. Esto nos rompía el corazón y afectaba negativamente a los creyentes paraguayos.

Más devastadora fue una llamada telefónica de uno de nuestros hijos confesando que llevaba un estilo de vida basado en el engaño. Todos lloramos mientras atravesamos el proceso de arrepentimiento, de recibir el perdón de Dios y la restauración.

Bill me animó a viajar inmediatamente de regreso a los Estados Unidos. Se hizo cargo de mis clases mientras yo tomé el primer vuelo que pude. Cuando llegué a los Estados Unidos, lloramos mientras salían a la luz sus secretos de la infancia y adolescencia.

Más tarde, me volví a Dios, clamando con el corazón roto. Necesitaba escucharlo. Abrí mi Biblia y quedé atónita y agradecida cuando mis ojos se posaron en Isaías 44:3: «Derramaré mi Espíritu sobre tu descendencia y mi bendición sobre tus hijos».

Sabía que Dios me había escuchado y me respondería en su tiempo perfecto. Escribí el versículo y lo puse en la puerta de nuestro refrigerador y se convirtió en mi ancla durante meses. Estos eventos difíciles nos devastaron. Bill y yo siempre creímos que nuestro ejemplo como familia cristiana era más importante que nuestra enseñanza. Ahora nos sentíamos como un fracaso total.

Compartimos nuestro dolor con varios colegas que oraron con nosotros. Siempre estaremos agradecidos por la amable comprensión y el apoyo que recibimos de líderes piadosos durante ese año traumático. También nos dimos cuenta de que necesitábamos la intervención de Dios en nuestra vida personal.

Habíamos escuchado, por parte de un amigo de la universidad que era pastor y servía en la junta directiva de este lugar, acerca de

Link Care Center, un centro de retiro de consejería cristiana en California.

Bill viajó a los Estados Unidos y pasamos tres semanas ahí. Nuestros tres hijos se unieron a nosotros para recibir consejería familiar por unos días. La intensa reflexión, el aliento que recibimos y el compartir cada mañana, junto con el trabajo manual por las tardes, dieron como resultado lo que describo como un «baño en la gracia de Dios».

Aún estábamos en los Estados Unidos cuando supimos que mi papá, su esposa Christine y su hijo David habían llegado desde la India a Tulsa, Oklahoma. Cambiamos el itinerario de nuestros vuelos para pasar por Tulsa y visitarlos antes de regresar a Paraguay.

David se graduaría pronto de una escuela cristiana privada en la India y quería continuar su educación en Comunicación. Nos preguntó qué universidad le recomendábamos en los Estados Unidos. Sugerimos la Universidad Evangel, una universidad de las Asambleas de Dios en Springfield, Missouri.

David llenó la solicitud, y más tarde Bill y yo lo llevamos al campus de Evangel. Cuando la asistente de admisiones escuchó el nombre de David Groves, expresó su entusiasmo, ya que al estar revisando la gran carpeta de solicitudes de estudiantes de primer año, la de David llamó su atención y Dios le dijo que tenía grandes planes para este joven de la India.

Nos llevó a hablar con su jefe. Un rato después, el director de admisiones se acercó a nosotros junto con su asistente. Se dirigió hacia mi hermano menor: «David, te damos la bienvenida a

Evangel. Esta mujer nunca me había hablado de esta manera antes. Ella no se deja llevar por sus emociones, así que le creo cuando dice que Dios le ha mostrado que tiene grandes planes para ti. Nos gustaría otorgarte una beca académica y un trabajo en el campus».

Al cabo del tiempo, David se graduó de Evangel con un título en Comunicaciones. Trabajó como voluntario en producción de medios en Bruselas, Bélgica. Luego aceptó un puesto en el Reino Unido en la producción de los cursos internacionales Alpha, una serie interactiva que explora los conceptos básicos de la fe cristiana. Actualmente se desempeña como director de programa del popular canal británico TBN de televisión Fe y Familia. ¡Todos en nuestra familia estamos muy orgullosos de David!

Durante los meses difíciles de 1989, Bill y yo hablamos sobre dejar el ministerio público. Ahora experimentamos el abrazo de aceptación de Dios y fuimos recomisionados en el servicio.

Regresamos a Paraguay con corazones agradecidos, y compartimos abiertamente con los colegas sobre nuestra travesía. Mientras lo hacíamos, otros se dieron cuenta de que la consejería les ayudaría en sus propios retos familiares. Las valiosas lecciones aprendidas en este año difícil enriquecieron nuestra vida personal, los lazos familiares y nuestro servicio futuro.

Capítulo 36

Cirugía a Corazón Abierto

En 1990, fui maestra de cuarenta estudiantes de primer año en el Instituto Teológico de Asunción. Estudiamos Josué 7, donde se relata la historia del pecado oculto de Acán, que fue la causa por la que Dios permitió la derrota de Israel en Hai.

Mientras el Espíritu Santo escudriñaba los corazones y aplicaba la lección de cómo Dios juzga el pecado oculto, la atmósfera se volvió tensa. Hacer trampa y copiar las tareas eran hábitos culturales comunes en Paraguay.

Muchos de nuestros estudiantes habían sido parte de esto durante la escuela primaria, secundaria, la universidad e incluso en sus estudios teológicos. Ahora se sentían incómodos porque la Palabra de Dios claramente revelaba estas prácticas como pecado.

Algunos inclinaron la cabeza con remordimiento y las lágrimas humedecieron sus escritorios. De manera espontánea, los estudiantes comenzaron a confesar sus trampas. Una de las mejores estudiantes, Rose, preguntó: «¿Cómo puedo arreglar las cosas con el profesor Jim, que nos enseñó el Pentateuco el semestre pasado? Le di mis respuestas a los compañeros de clase».

El profesor y su esposa se habían mudado a otra ciudad a más de cuatrocientos kilómetros de distancia. Otros estudiantes admitieron que también habían hecho trampa en esa clase y preguntaron cómo podían contactarlo para pedirle perdón y bajar sus calificaciones finales. No teníamos teléfonos celulares ni acceso al correo electrónico en ese momento, por lo que no había una forma directa de contactarlo.

En ese momento, escuchamos un fuerte golpe en la puerta de nuestro salón de clases. Las reglas de la escuela prohibían interrumpir las clases excepto en casos de emergencia, así que abrí la puerta con renuencia. Miré con incredulidad. De pie en la puerta estaba el profesor Jim. Asombrados, los estudiantes corrieron a su alrededor, confesando entre lágrimas su ofensa. Fue un tiempo sagrado de arrepentimiento y perdón que trajo sanidad espiritual.

Durante el resto de sus estudios, podía confiar en que estos estudiantes se prepararían y presentarían honestamente sus propias tareas. ¡El bisturí de cirujano de doble filo de Dios, es decir su Palabra y su Espíritu, había eliminado el pecado confesado, durante esta exitosa operación a corazón abierto en los estudiantes!

Un punto culminante de 1990 fue la inauguración del Arca de Noé, un edificio en forma de arca al lado de una iglesia de las Asambleas de Dios, en un área periférica de Asunción que estaba densamente poblada de niños. Justo cuando estábamos a punto de cortar el listón de inauguración y orar, Dios colocó un doble arcoíris brillante alrededor del arca, para que todos lo vieran. Saltamos de alegría, sintiendo la sonrisa misericordiosa de Dios sobre este esfuerzo evangelístico.

Gracias a la visión y el arduo trabajo de Rich y Jenni DeMartino, este novedoso centro infantil alcanzó a muchos niños y padres del área con el amor, el teatro y la diversión de Dios durante los años siguientes.

Más tarde ese año, una gran carpa de rayas amarillas y blancas albergó una misión en el pueblo de Obligado durante seis meses. Buscamos un lote para construir un santuario permanente, pero solo teníamos cinco mil dólares donados para este proyecto. Una noche, mientras Bill predicaba, un hombre de negocios entró en la carpa ofreciendo un lote con una ubicación ideal y a solo un tercio de la tarifa real.

Al día siguiente, Francisco, el pastor de la misión, se presentó con el inspector de la ciudad como el predicador de la carpa y le preguntó acerca de las leyes de zonificación para el nuevo lote. El inspector respondió: «No quiero hablar de propiedades. Quiero hablar de Dios. Planeaba quitarme la vida esta mañana y ahora usted está aquí».

Los dos hombres oraron juntos, y esa noche el inspector de la ciudad y su esposa aceptaron a Cristo en la campaña de la carpa. Al día siguiente, el sacerdote local fue llamado para exorcizar los demonios de tres niñas involucradas en el culto espiritual afrobrasileño Macumba.

Cerca de trescientas personas acompañaron al sacerdote, incluido el inspector recién convertido y su esposa, junto con otros funcionarios del gobierno. El sacerdote presidió una misa y trató de exorcizar a los demonios, pero no pasó nada. Finalmente se fue. Entonces la multitud comenzó a gritar: «¡Llamen al predicador de la carpa! Él conoce a Dios».

Al llegar al patio de la casa grande donde estaba reunida la multitud, el pastor Francisco ordenó con una autoridad sobrenatural: «En el Nombre de Jesús, sal de esta casa, Satanás».

Inmediatamente, las tres niñas se tranquilizaron, completamente liberadas de las ataduras de Satanás. La multitud estaba asombrada. Francisco explicó que el poder de Dios salva, sana y libera cuando nos sometemos a Él. Más de doscientas cincuenta personas se arrodillaron en el suelo, pidiéndole a Jesús que fuera su Salvador. Ellos formaron el núcleo para una nueva iglesia.

Durante este período de tiempo, leí un artículo sobre cómo Dios estaba usando poderosamente una obra de teatro titulada *Heaven's Gates and Hell's Flames* (*Las Puertas del Cielo y las Llamas del Infierno*), que visualiza la vida después de la muerte.

Tuve un fuerte sentimiento de que esta herramienta podría bendecir a Paraguay. Bill dudaba, ya que estábamos comprometidos con muchos proyectos, pero después de orar juntos, estuvo de acuerdo. Investigué el ministerio, que tenía su sede en Canadá, e invité al fundador Rudy Krulik a lanzar esta obra en Paraguay.

Nos preparamos para seis presentaciones nocturnas con un elenco de cincuenta paraguayos. Varios estudiantes del Instituto Teológico promovieron y participaron en el evento. Durante esa semana, mil quinientas personas respondieron a la presentación aceptando a Cristo, incluidas familias enteras.

Un soldado de veintidós años que aceptó a Cristo murió al día siguiente mientras realizaba maniobras militares a lo largo del río Paraguay. Estamos muy agradecidos de que Dios le permitió tener una última oportunidad de experimentar la vida eterna.

Un laico que pertenecía a una iglesia católica romana local, quedó impresionado con el claro mensaje de salvación presentado a través de la obra. Nos pidió permiso para mostrar el video que habíamos hecho de la actuación en las parroquias locales. Luego el director de programas de un importante canal de televisión paraguayo vio la obra, y pidió transmitir el video en todo el país de forma gratuita. Esta fue la primera de muchas presentaciones en todo el país.

La obra se presentó durante seis noches en Port Franco, una ciudad en la frontera de Paraguay y Brasil. Trescientos cincuenta jóvenes firmaron en una tarjeta su decisión para seguir a Cristo, incluidos muchos drogadictos, traficantes y ladrones de autos. Estos jóvenes transformados fueron bautizados en agua y se unieron a una clase de nuevos creyentes que ahora disfrutaban de servir a su comunidad en lugar de asediarla.

Una ola de suicidios de adolescentes de alto perfil arrasó Paraguay durante la década de 1990, como resultado de contratos de por vida que habían firmado con Satanás. Con el corazón roto, abracé y oré con los padres de una hermosa niña de doce años que sintiéndose atrapada por el mal, encontró un arma y se suicidó. ¿Cómo podía ayudar?

Dado que miles de personas en todo el país ya habían visto la obra, ya sea en persona o en televisión, creé un corto video que mostraba los pasos iniciales, en apariencia inocentes, que conducen a estas tragedias suicidas que veíamos a diario en las noticias.

Con la aprobación de los directores del ministerio *Las Puertas del Cielo*, esta breve escena expuso la guerra espiritual. Muchos jóvenes que habían manifestado el poder destructivo de Satanás fueron puestos en libertad para vivir vidas productivas y felices en sumisión a Dios.

Una alegría especial de servir en el extranjero es el estrecho vínculo que se genera con los misioneros. Nuestros queridos colegas, el Dr. Rodney y su esposa Lynn Hart, habían estado asociados con David Wilkerson en los primeros años del ministerio Teen Challenge (Desafío Juvenil Global).

En mayo de 1992, Rodney motivó, coordinó y ayudó a financiar la construcción de la primera capilla evangélica en el centro penitenciario nacional de Paraguay, Tacumbú. Reconocido por su éxito con los drogadictos, Rodney fue nombrado capellán protestante de la institución.

Cuando la capilla estuvo terminada, se invitó a la inauguración a los funcionarios de la cárcel, exconvictos que estaban siendo discipulados en el centro de rehabilitación Desafío Juvenil Global de Paraguay, presos y amigos.

La esposa de Rodney y sus tres hijos pequeños lo acompañaron al evento. Cuando llegaron, Rodney con su identificación de capellán fue admitido de inmediato, pero Lynn y los niños tuvieron que hacer fila con cientos de familiares que esperaban para ver a los prisioneros en el día de visita semanal.

Lynn se había vestido con una blusa y una falda pantalón amplia y recatada. Pero cuando ella y los niños finalmente llegaron a las grandes puertas de hierro, un guardia advirtió bruscamente:
—Las mujeres no pueden entrar a la prisión con pantalones.

Esta era una regla estricta de la prisión en ese momento. Lynn trató de explicar que lo que llevaba puesto era en realidad una falda dividida, pero el guardia no cedió. Lynn dijo: —Mire, mi esposo es el capellán de la prisión y he recorrido un largo camino con mis hijos para acompañarlo en la inauguración de la nueva capilla. ¿Cuáles son mis opciones?

El guardia se encogió de hombros: —Hay un puesto cerca de la entrada principal donde se venden bebidas y dulces. Tal vez pueda alquilar una falda allí.

En lugar de regresar a casa, Lynn se acercó valientemente a la cabina. La vendedora señaló unas faldas brillantes que colgaban de un clavo: «Sí, tenemos dos estilos».

Las faldas eran cortas y de un patrón psicodélico de colores brillantes, un estilo que Lynn nunca elegiría. Pero ella alquiló una y la deslizó encima de su falda pantalón. Sus hijos se rieron al verla mientras la ayudaban a quitarse su atuendo original. Una vez más, se formaron bajo el sol brutalmente caliente. Esta vez el guardia les permitió pasar.

Mientras Lynn y sus hijos caminaban por los sucios y malolientes pasillos de la prisión, atestados de más de mil ochocientos prisioneros enojados y hacinados en un espacio diseñado para albergar a seiscientos, su desesperación la desafió. También estaba perturbada por la forma en que ellos miraban su falda corta y sus piernas desnudas. Deseaba poder levantar un cartel que dijera: «¡Esta no es mi falda!».

Cuando finalmente llegaron a la capilla abarrotada, la ceremonia de inauguración ya había empezado. Rodney observó la apariencia cambiada de su esposa con una expresión de confusión. Cuando ella susurró en voz baja el motivo de su retraso y su cambio de ropa, Rodney la abrazó y le dijo: «¡Cariño, estoy orgulloso de ti!».

Procedió a presentarla a los dignatarios visitantes. El evento se convirtió en una emocionante celebración cuando Rodney, Lynn y los funcionarios del gobierno, junto con exdrogadictos, traficantes y delincuentes levantaron sus manos y corazones en agradecimiento a Dios por su poder transformador.

Lynn se sintió llena de gozo debido a que, a través del testimonio y el ministerio de su esposo, tantos prisioneros sin esperanza ahora eran seguidores de Jesucristo. ¡De alguna manera, una falda corta ya no parecía tan importante!

Capítulo 37

Corriendo con Zapatos de Tacón

Una ocasión, alrededor del mediodía, mientras regresaba a casa después de dar clases, decidí parar en un mercado alemán para comprar un poco de su delicioso pan recién horneado. Estacioné el jeep prestado que conducía y cuando estaba cerrando la puerta con llave, un adolescente se me acercó.

Lo primero que pensé fue que me conocía o que necesitaba ayuda. Pero cuando se acercó, arrebató con violencia mi bolso, el cual contenía documentos importantes, dinero en efectivo y mis anteojos, así como el anillo con llaves del auto y de mi casa, las mismas con las que estaba cerrando el auto. Casi me arranca el dedo. Se dio la vuelta y echó a correr. Sin dudarlo y aunque traía zapatos de tacón alto, corrí tras él gritando: «¡Mis documentos no!».

Un guardia armado y uniformado me vio correr pero no podía dejar su puesto. Mientras subía una colina corriendo, un hombre que esperaba en la parada del autobús vio mi situación y comenzó a correr conmigo. Más tarde supe que era un optometrista que tan solo tres meses atrás le había donado un riñón a su hija y estaba en diálisis, por lo que se suponía que no debía correr. Pero insistió en ayudarme a atrapar al ladrón.

Me explicó: «Queremos que las calles de Asunción sean seguras. La policía no puede hacerlo todo».

Mientras corríamos por la calle empedrada, el ladrón dio vuelta en una esquina y desapareció de nuestra vista. Lo seguimos doblando en la esquina y preguntamos a los peatones y residentes si habían visto a un joven con una camisa de rayas corriendo.

Respondieron: «Sí, pero no sabíamos por qué corría».

Finalmente, les preguntamos a algunos electricistas que estaban en los postes de teléfono si habían visto a un adolescente pasar corriendo. Cuando respondieron negativamente, concluimos que el ladrón debía estar escondido dentro de esa área de dos cuadras. El optometrista registró un lado de la calle mientras yo revisaba del otro lado los arbustos, árboles, patios y las entradas de las casas.

El optometrista saltó sobre una cerca de ladrillos que rodeaba un terreno baldío. Pronto vio una camisa a rayas entre la maleza alta. Saltó hacia dentro del terreno y tiró al ladrón al suelo. Dos trabajadores de una construcción que estaba cerca ayudaron a arrastrar al muchacho hacia la calle.

«¡Lo tengo!», me gritó el optometrista.

Inmediatamente identifiqué al joven por su camisa de rayas, pero él negó rotundamente ser el ladrón. Los vecinos ya se habían reunido para ver el drama. Me aconsejaron que denunciara el robo a la policía. Cuando un automóvil que pasaba disminuyó la velocidad, le pedí al conductor que me llevara a la estación de policía más cercana. Él accedió amablemente.

Antes de llegar allí, encontramos a dos policías dirigiéndose hacia la escena, ya que habían recibido la llamada de un testigo. Se subieron al coche. Al llegar, la policía le hizo una serie de preguntas al adolescente, lo esposaron y encontraron mi dinero en sus bolsillos.

«¿Dónde están los documentos, las llaves, el bolso y las demás pertenencias de la señora?», exigieron los policías. El muchacho finalmente nos llevó a una cochera. Me arrastré debajo de un automóvil que estaba estacionado para recuperar mis valiosos documentos. Luego nos dirigió hasta mis llaves y mis anteojos, que habían sido arrojados entre la maleza alta alrededor de un poste telefónico.

Agradecí sinceramente al optometrista quien había sido el ángel de Dios para ayudar a una extranjera en necesidad. Después de recuperar mi vehículo, llevé al asaltante esposado y a los dos policías a la comisaría. Allí presenté mi declaración mientras el jefe de policía la anotaba a mano, lo que demoró al menos dos horas. Muchos policías pasaban fascinados al escuchar la historia de esta mujer extranjera. Le pedí al jefe de policía el nombre del joven para poder visitarlo más tarde y orar con él.

Cuando terminó de tomar mi informe, el jefe de policía me miró a los ojos: —¡Señora, Dios la protegió! Este es un milagro que nunca sucede. El ladrón no estaba armado y usted no resultó herida. Recuperó todas sus pertenencias y el criminal está bajo custodia. Incluso sus anteojos están intactos.

—Los ángeles de Dios me protegieron porque soy su hija — respondí.

Estuvo de acuerdo y agregó que su esposa era evangélica. Luego pedí permiso para hablar con el joven. A través de los barrotes de la celda de detención, rápidamente le dije que Dios lo amaba y que tenía un plan mucho mejor para su vida. Brevemente, le compartí el plan de salvación y oré con él, prometiendo regresar más tarde y traerle una Biblia.

Llegué a casa agradecida pero agotada por el trauma y el calor. Me dejé caer en nuestro sofá. Bill llegó un tiempo después y compartió emocionado: —Cariño, la pasé de maravilla compartiendo con más de setenta empleados en Camagro, una empresa de refacciones para automóviles. Durante la hora del almuerzo, muchos aceptaron a Cristo como su Salvador.

—Cariño, compartiste sobre Jesús en una linda propiedad comercial —respondí en broma—. ¡Yo acabo de compartir sobre Jesús en una sofocante cárcel!

Esa noche, cuando llegué al campus del Instituto Teológico para dar una clase, supe que los profesores y estudiantes habían oído hablar de mi aventura. Juntos me recomendaron enfáticamente: «Hermana Hilda, esto es un milagro y estamos orgullosos de usted. ¡Pero no vuelva a correr detrás de un ladrón!».

Regresé para llevarle una Biblia al joven, pero ya lo habían movido. Aunque lo busqué en varias prisiones con la ayuda de la policía, lamentablemente no pude encontrarlo y cumplir mi promesa. Sin embargo, regresé a la estación de policía con galletas, música cristiana grabada y porciones de la Biblia para los policías que habían sido tan amables conmigo, una extranjera.

En este mismo período de tiempo, Bill y yo perdimos a nuestro último padre vivo: mi papá. Sabiendo que no estaba bien, Pauline y yo viajamos a Bangalore en enero de 1994 para visitarlo durante dos semanas. Ahora tenía más de ochenta años y estaba visiblemente frágil, pero celebramos su cumpleaños el 30 de enero con una comida especial: arroz con curry. David también vino desde la Universidad Evangel en Springfield, donde estaba estudiando.

Mientras estábamos allí, Christine contactó a un médico para ver cómo estaba mi papá. El doctor llegó en su motocicleta, cargando un maletín. Era bastante joven. Yo observaba desde la puerta abierta del dormitorio mientras examinaba a mi padre.

Nunca olvidaré la preciosa escena que surgió después, cuando el médico le pidió a mi papá que orara por él. Colocando su débil y temblorosa mano sobre el brazo del joven médico, mi papá oró. ¡Ahora el paciente bendecía al médico!

Muchos musulmanes, budistas y cristianos visitaron a mi papá mientras estuvimos ahí. Mi papá oró con cada uno, incluyendo el plan de salvación en cada oración. Le pregunté a los misioneros locales acerca de estos visitantes. Mi papá no era una persona sociable, así que deduje que no todos eran amigos personales. Los misioneros respondieron que estas personas habían oído que mi papá estaba muriendo y querían honrarlo como un hombre santo de Dios.

Antes de irnos, mi papá nos dijo a mi hermana y a mí: «Pauline e Hilda, mi dirección pronto será la Gloria. ¡Aunque mi cuerpo se está apagando, por dentro mi espíritu está bailando!».

Efectivamente, solo dos semanas después de que Pauline y yo terminamos nuestra visita, el 20 de febrero de 1994, mi papá entró en la presencia de Dios. Estábamos tan agradecidas de haber podido despedirnos en persona. Representantes del cuerpo misionero de las Asambleas de Dios, un pastor de Calcuta y un pastor indio local dieron unas palabras en su funeral.

El pastor de Calcuta, que había conocido bien el ministerio de mi padre durante décadas, comentó que no sabía de ningún converso a quien la familia Groves hubiera discipulado que luego se hubiera apartado de la fe, un maravilloso testimonio del ministerio de mi padre.

Después de su muerte, Christine continuó sirviendo a Dios a través de viajes misioneros. Después de que David se graduó de la universidad y se mudó a Inglaterra, ella lo alcanzó allí, donde ambos viven actualmente.

Capítulo 38

Contrastes Radicales, Perspectivas Diferentes

Me impactó un fin de semana en el que presencié dos contrastes radicales que reflejaban gran parte de la cultura paraguaya en la que servíamos. No parecía existir una clase media. Bill y yo vivimos en una casa por un corto período mientras sus habitantes, nuestros colegas misioneros, estaban de viaje en los Estados Unidos para afianzar relaciones con donantes y descansar.

Al iniciar esa semana, escuchamos ruido de construcción y vimos actividad constante en una elegante mansión frente a nuestra casa. Nuestros adinerados vecinos se preparaban para la recepción de la boda de su hija.

Los trabajadores colocaron tablones de madera sobre el césped bien cuidado para facilitar el baile. Las mesas redondas cubiertas de espejos reflejaban juegos de café y té fabricados en una plata brillante. Esculturas de tamaño real de vacas, gallinas y cerdos indicaban las carnes a servir. Flores importadas cubrían majestuosas columnas en la entrada de la mansión. Durante el viernes y sábado, decenas de vehículos entregaron suministros, alimentos y bebidas.

El sábado por la noche, observé desde la ventana de arriba cómo los autos caros se estacionaban frente a nuestra casa y en las calles adyacentes, donde muchos hogares eran simples chozas desvencijadas. Muchos invitados tenían choferes y sus atuendos reflejaban los últimos diseños de moda.

Los líderes políticos llegaron con escolta policial. Una banda profesional tocó música a todo volumen que se escuchó por todo el vecindario hasta las tres de la mañana. El periódico nacional dominical publicó fotos del evento, pero no se veía verdadera alegría en los rostros de los asistentes.

Qué contraste con una mujer indígena guaraní llamada Eyda que fielmente ayudaba a limpiar nuestra casa y a preparar la comida dos veces por semana. Eyda cantaba mientras trabajaba. Un sábado, me rogó que visitara a sus padres ancianos en su humilde hogar en las afueras de la ciudad para que pudiera orar por ellos.

Después de que terminó su trabajo, la llevé a casa. Estacioné el vehículo al pie de un camino de tierra y subimos por una pendiente empinada hasta la pequeña casa donde vivía Eyda con sus dos hijos. Hacía tiempo que su marido los había abandonado.

Sus padres vivían en una choza cercana construida con ladrillos, trozos de madera y hojalata, los espacios de las ventanas estaban cubiertos con costales de yute. Oré por ellos mientras Eyda traducía mi español al guaraní que hablaban sus padres. Luego me presentó con orgullo a sus preciosos hijos y me mostró su vaca, sus pollos, sus plantas y su huerto de vegetales.

Eyda ya había preparado regalos para mi esposo y para mí: tubérculos de yuca, huevos, frijoles, cilantro, repollo y algunas plantas de interior hermosas. Colocó la gran maceta con la planta sobre su cabeza y tomó una bolsa con verduras en cada mano mientras caminaba tranquilamente por el sendero hacia mi vehículo estacionado.

Abrumada por su generosidad, le dije: —Eyda, me has bendecido mucho hoy así como cada vez que vienes a nuestra casa. ¿Puedo bendecirte también?

Traté de darle algo de dinero. Las lágrimas brotaron de sus ojos cuando se negó a recibirlo: —Hermana Hilda. Estoy muy feliz de darle lo que tengo porque la quiero. Cuando estaba muy necesitada, usted me ayudó.

Ella se refería a una ocasión en que uno de sus vecinos, que tenía mucho poder político, se había acercado a Eyda con un documento aparentemente legal, declarando que la propiedad de su familia en realidad le pertenecía a él y amenazando con desalojarlos.

Eyda había presentado la escritura original legítima que mostraba que la propiedad había sido comprada por su familia varias generaciones antes. Bill y yo habíamos contactado a Eyda con un abogado cristiano que era miembro de una gran iglesia de las Asambleas de Dios en Asunción. Él la ayudó en la batalla legal y el caso se resolvió a favor de Eyda y su familia.

Mientras Bill y yo descargábamos estos maravillosos regalos de nuestro auto, una vez más llegamos a la conclusión de que el dinero no compra la felicidad. Dios bendice a un corazón generoso.

Conocíamos a algunos paraguayos seguidores de Jesús, que eran ricos y felices, y que generosamente daban para servir a los necesitados, ese abogado cristiano es un ejemplo de ello. Pero habíamos sido testigos de miles de paraguayos considerados pobres, pero ricos en la fe, que servían generosamente a los demás, tal como el apóstol Pablo una vez elogió a la iglesia macedonia por dar con alegría desde su situación de extrema pobreza (2 Corintios 8:1-5).

En una otra ocasión, experimenté dos perspectivas muy diferentes pero acertadas de mi Padre celestial. Desde nuestro balcón en Asunción, Bill y yo, junto con otros amigos, a través de unos lentes especiales para observar eclipses, observamos en un cielo despejado lo que se calificaba como el fenómeno natural del siglo.

Científicos y observadores de todo el mundo llenaron las habitaciones de todos los hoteles ya que Paraguay era considerado uno de los mejores lugares para ver el eclipse solar completo. A las 8:30 de la mañana del 3 de noviembre de 1994, seguimos la luna mientras tapaba lentamente el sol, envolviendo a la capital en completa oscuridad durante tres minutos y medio. Los gallos cantaban, los perros ladraban y los animales buscaban su refugio nocturno.

Mientras observábamos la belleza del resplandor del sol detrás de la luna, reconocimos la precisión milagrosa de Dios controlando el curso de los cuerpos celestes. Hicimos eco de las palabras de David en los Salmos: «Los cielos cuentan la gloria de Dios, y el firmamento anuncia la obra de sus manos» (Salmo 19:1).

Qué perspectiva tan contrastante con la de Joshua, el tierno hijo de cinco años de nuestro administrador del Instituto Bíblico. Un día entró en la oficina de Bill señalando sus zapatos nuevos, negros y brillantes. Joshua había estado orando por zapatos nuevos durante mucho tiempo.

Su próxima participación en una obra de teatro de la escuela hizo que su oración fuera más urgente. Cuando Bill felicitó a su amiguito por su nueva adquisición, Joshua levantó con orgullo la tela de sus pantalones y respondió: «Jehová es mi pastor, nada me faltará» (Salmo 23:1).

En una sola semana me asombró el majestuoso espectáculo de luces de Dios en su inmenso universo y, al mismo tiempo, Joshua me recordó que nuestro poderoso e infinito Dios, que hace malabares en todo el universo con perfecta precisión, escucha y responde a las peticiones prácticas de un niño de jardín de infantes.

Otro contraste muy diferente se puede resumir en una noticia de un periódico paraguayo en 1993. Uno de nuestros estudiantes del Instituto Teológico, Carlos, había conocido a Cristo a través de un evento juvenil donde Bill había predicado. Conoció a su novia Marizza, maestra de primer grado y seguidora comprometida de Jesús, mientras ambos trabajaban en una escuela cristiana. Después de un noviazgo de dos años, habían planeado casarse en solo tres días.

Católicos acérrimos, los padres de Marizza se enfurecieron cuando ella aceptó a Cristo y dejó su iglesia para asistir a una iglesia evangélica. Estaban aún más furiosos por su matrimonio con un estudiante del Instituto Teológico.

Tres días antes de la boda, el padre de Marizza con algunos otros familiares le hicieron una visita sorpresa. La invitaron a ella y a Carlos a ir con ellos a una celebración previa a la boda en la casa de un familiar en otro pueblo. Ellos estuvieron de acuerdo. Carlos viajó en el auto del padre de Marizza mientras que ella viajó en el vehículo de un tío. Todos parecían felices.

Pero en lugar de conducir a la otra ciudad, el padre de Marizza llevó a Carlos a una zona rural remota. Sacó un arma, detuvo abruptamente el auto y ordenó a Carlos que saliera. Luego aceleró. Cuando Carlos finalmente regresó a casa, descubrió que el tío había secuestrado a Marizza por órdenes de sus padres para evitar que se casara con un no católico.

Carlos estaba decidido a rescatar a su amada. Dado que la constitución paraguaya garantizaba la libertad de religión, emprendió acciones legales. Un juez ordenó la búsqueda de Marizza y la prensa publicó la historia. Durante cinco días, Marizza estuvo encerrada bajo vigilancia en una habitación de la casa de su abuela.

Pero su padre, su tío, sus primos y otros parientes se ponían cada vez más nerviosos por la creciente cobertura de la prensa y la búsqueda de la policía. Para evitar ser acusados, finalmente decidieron liberar a su prisionera.

Marizza fue entregada a la policía, quienes la llevaron a la casa de Carlos. La pareja fijó de inmediato una nueva fecha para su boda. La familia de Marizza no asistió, pero la familia de Carlos junto con muchos compañeros estudiantes del Instituto Teológico y miembros de su iglesia celebraron cuando esta joven pareja cristiana se unió en matrimonio.

Los recién casados decidieron restaurar la relación con la familia de Marizza al expresarles su amor. Pero su historia fue un ejemplo de la continua persecución y prejuicio religioso que existe en Paraguay, vestigios de siglos en que la iglesia católica era la única iglesia estatal legal de Paraguay y controlaba todos los aspectos de la sociedad como matrimonios, nacimientos, educación e incluso entierros.

Comparemos esto con otra noticia importante de la prensa paraguaya en julio de 1994, que habló de decenas de miles de cristianos evangélicos e incluso muchos católicos desfilando por las calles de Asunción con pancartas que proclamaban el evangelio, seguidos de un culto público de adoración al aire libre. El evento fue parte de una «*Marcha Para Jesús*» que se llevó a cabo simultáneamente en muchos países de Latinoamérica.

Un importante periódico paraguayo tituló la historia como «*Una Manifestación Diferente*» porque en los últimos cinco años, con la tambaleante transición de Paraguay de una dictadura represiva de treinta y cinco años, hacia la democracia, habían ocurrido muchas protestas y marchas violentas.

En contraste, aquí había decenas de miles de cristianos desfilando pacíficamente, exaltando a Jesucristo con canciones, pancartas y literatura. Solo en Latinoamérica, la «*Marcha Para Jesús*» incluyó a varios millones de participantes en diversas ciudades, un indicador de cuánto había crecido el Reino de Dios y la Iglesia evangélica en Latinoamérica, en especial desde el Vaticano II.

La marcha de Asunción culminó con una oración por los líderes del gobierno y la sanidad espiritual del país. En las noticias, el jefe de policía de Asunción fue citado diciendo: «En lugar de protestar, cantaron. En lugar de ridiculizar, oraron por nuestro cuerpo policial. Esta es nuestra primera experiencia de una manifestación pública y positiva del amor de Dios».

Hora Felíz

Todos los jueves a las 4 de la tarde era la «hora feliz» para Bill y para mí. Esto comenzó cuando nos mudamos a una casa remodelada en un barrio de ingresos más bajos en Asunción. Nuestra vecina de al lado se me acercó: —Soy Doña Benita. Ustedes son evangélicos, ¿verdad?

—Sí, amamos y servimos a Jesús —respondí.

—Entonces, ¿me enseñaría a orar? —ella preguntó.

Su petición me llenó de alegría: —Por supuesto, estaría encantada. Tal vez a otros vecinos les gustaría unirse también.

Ese se convirtió en el comienzo de un estudio bíblico semanal para mujeres y un tiempo de oración en nuestro hogar. También vi a muchos niños jugando en nuestra calle empedrada, así que en nuestra siguiente reunión les pedí a las mujeres del vecindario si podía organizar, en nuestro patio, un tiempo de enseñanza para los niños que incluyera clases de inglés, historias bíblicas, títeres, canto, y algún refrigerio.

Estaban felices por recibir cualquier oportunidad de aprendizaje para sus hijos, especialmente porque saber inglés les daría ventaja en la escuela y en sus futuras carreras.

Así nació nuestra «hora feliz» de los jueves por la tarde. Invité a cada familia de nuestra calle con una invitación impresa. Un colega misionero, especializado en evangelismo de niños, nos dio un escenario de teatro guiñol con varios títeres. Después de la lección de inglés, cantamos coros cristianos, enseñamos breves historias bíblicas, oramos y memorizamos pasajes de las Escrituras. Muchas madres acompañaban a sus hijos y también escuchaban el evangelio.

Aunque me encantaba enseñar en el Instituto Teológico y en otros contextos, esta reunión semanal se convirtió en lo más destacado de mi semana. Otro colega misionero y varios estudiantes del Instituto Teológico me ayudaron.

Al menos sesenta niños aceptaron a Jesús junto con algunas de sus madres. Era un placer pasear por el barrio a la hora de la comida y escuchar tanto a los niños como a los padres cantar la oración de acción de gracias que siempre cantábamos juntos antes de servir la merienda de la «hora feliz».

Continuamos siendo bendecidos al escuchar historias de cómo Dios seguía obrando en nuestros estudiantes. En 1995, una estudiante del turno vespertino llamada Fanny compartió conmigo que necesitaba un buen trabajo, ya que era el sostén de su madre y seis hermanos.

Oramos juntas en el patio de la escuela pidiendo a Dios un milagro. La semana siguiente, Fanny fue seleccionada, entre sesenta aspirantes, para trabajar en una gran empresa de administración de bienes raíces.

En su primer día, Fanny llegó temprano a su escritorio, abrió su Biblia y oró en silencio: «Gracias Jesús, por este trabajo. Permite que pueda bendecir a esta empresa con mi actitud y mi esfuerzo».

Mientras oraba, entró otra empleada. La joven quedó sorprendida y contenta de ver a la nueva empleada orando con una Biblia abierta. Se presentó como creyente y ella le preguntó: «Si llego temprano, ¿te gustaría tener devocionales juntas antes del horario de trabajo?».

Fanny accedió felizmente. Cada día, las dos jóvenes leían un pasaje de las Escrituras y oraban. Una mañana, la dueña de la empresa entró justo cuando Fanny oraba: «Señor, bendice y prospera a esta empresa y a su liderazgo. Ayúdame a aprender rápido y ser un buen recurso para los empleados y los jefes».

La dueña quedó atónita. Ella les dijo a las dos jóvenes: «He escuchado a los empleados quejarse, perder los estribos y maldecirme. Pero nunca he oído a nadie orar por mí y por la empresa. ¡Gracias!».

Pronto, Fanny estaba orando cada día con todos los empleados, compartía un estudio bíblico semanal de quince minutos y escribía devocionales bíblicos para incluirlos en los materiales promocionales que la empresa distribuía entre los negocios paraguayos. Ella me dijo: «Hermana Hilda, solo oramos para que encontrara un buen trabajo. ¡Ahora soy secretaria, líder de oración, predicadora, consejera y escritora!».

Juntas agradecimos a Dios por la oración contestada.

Ese mismo año, un equipo de misión a corto plazo de los Estados Unidos nos ayudó a construir una necesaria ampliación a nuestro creciente Instituto Teológico. También donaron trescientos anteojos para leer. Después de colocarle unos anteojos a un estudiante llamado Jorge, los miembros del equipo le preguntaron si tenía alguna necesidad por la cual pudieran orar.

Jorge les compartió su gran pesar. Su madre lo había abandonado cuando tenía seis años. Nunca había recibido noticias de ella o sobre ella. Ahora, a los veinte años, anhelaba contactarla.

Los miembros del equipo oraron fervientemente con Jorge. Al día siguiente, su madre llamó a una estación de policía de Asunción buscando a su hijo. La llamada llegó desde Puerto Rico, donde ella vivía. Jorge pudo usar el teléfono de su iglesia para hablar con su madre. Esa Navidad, su familia se reunió en Puerto Rico.

Cada mes, Bill tenía que cambiar el dinero de los donativos hechos en moneda estadounidense a nuestra moneda paraguaya, llamada guaraní en honor al grupo mayoritario de personas del país. Estos servían para cubrir los gastos del Instituto Teológico y otros ministerios. Por razones de seguridad, Bill tomó un taxi local hasta la casa de cambio, le pidió al conductor que lo esperara y luego regresó en el mismo taxi.

En el viaje de regreso, el taxista comenzó a compartir con Bill sobre sus necesidades personales y se dio cuenta de que necesitaba ayuda divina. Bill le explicó cómo recibir el regalo de Dios: la vida eterna. Cuando regresaron al Instituto Teológico, los dos hombres se quedaron en el taxi orando mientras el taxista le cedía a Jesús el volante de su vida.

Bill encontró una Biblia y se la dio al taxista. Al día siguiente, escuchamos la trágica noticia de que este taxista había sido asaltado, robado y asesinado. Estábamos tan agradecidos de que había conocido a Jesús el día anterior y que Dios lo había recibido en su presencia divina.

En 1996, viajamos de regreso a los Estados Unidos para un tiempo de reconexión con nuestra iglesia y donantes. Más tarde ese año, Dios llevó a la dulce madre de Bill a su hogar eterno. Nuestro hijo Phil le escribió una carta a la abuela que leyó en su funeral:

«Querida abuela: Saludos de todos tus nietos Debbie, Tim, Mark, Jeffrey, Ruth, Cheryl y yo. Sabemos que estás sonriendo más de lo que lo has hecho en mucho tiempo. Ahora estás en la presencia de Jesús y con Beebop (el abuelo), tu mejor amigo en la tierra y ahora en el cielo. Si tuviéramos que buscar en el diccionario la definición de siervo, aparecería tu foto... Cuando éramos jóvenes, las visitas a tu casa significaban las mejores galletas, sopa de pollo con fideos, rollos de pepperoni y pizzelles. A medida que crecimos, las visitas significaron un refugio seguro donde siempre sentimos tu amor y actitud de servicio... Muchos otros tienen historias como esta sobre ti. Te extrañamos mucho, pero lo que nos has enseñado sigue vivo».

Durante este viaje, recibí una triste carta de nuestra vecina Doña Benita sobre Luis, de diez años, uno de los niños que asistían a nuestra «hora feliz». Siempre venía directamente de la práctica de futbol, por lo que su ropa, rostro y cabello sudados contrastaban con el cabello recién cepillado y la ropa limpia de otros niños. Pero le encantaba aprender versículos de la Biblia y cantar canciones del evangelio, y había aceptado a Jesús como su Salvador. La carta decía:

> «Tengo noticias tristes, hermana Hilda. Toda nuestra calle está de duelo por Luis. Debido a que el autobús se averió, un día se tardó en regresar a casa. Su impaciente padre enfureció y colgó a Luis del árbol de su patio y murió».

Con el corazón roto, agradecí a Dios que Luis hubiera experimentado el perdón de Dios antes de su brutal muerte. Dios rescató a Luis de más abusos por parte de una familia disfuncional y lo recibió en su presencia eterna.

Cuando regresamos a Asunción para el siguiente período de servicio, los niños emergieron de sus escondites, detrás de arbustos y árboles, con grandes carteles dándonos la bienvenida a casa. Con abrazos y sonrisas, nos preguntaron cuándo podríamos volver a tener la «hora feliz». Dos niñas mayores que formaban parte de ese grupo eventualmente se mudaron y comenzaron su propia «hora feliz» en sus nuevos vecindarios. Amamos ver en acción a estas jóvenes transformadas.

Niños Paraguayos en Hora Felíz.

Capítulo 40

¿Cómo es el Cielo?

Chino era un mecánico que le dio servicio a varios vehículos, pertenecientes a la iglesia nacional de las Asambleas de Dios, que transportaban carpas para campañas evangélicas, así como materiales de construcción para construir nuevas iglesias en diferentes partes del país.

Chino, su esposa Techi y sus dos hijos vivían en un cuarto apretado, por lo que se emocionaron cuando se les pidió que cuidaran una espaciosa mansión con piscina mientras los dueños estaban de viaje.

Al entrar en el elegante vestíbulo, Alex, de tres años, se arrodilló y agradeció espontáneamente al Señor Jesús por una mansión tan hermosa en la que vivir. Ese primer sábado, la familia realizó una fiesta para familiares y amigos. Los niños entraban y salían corriendo de la casa mientras las madres preparaban la comida en la cocina y los hombres cocinaban pollo y salchichas en la parrilla exterior.

Aun a sus tres años, Alex tenía un corazón sensible a Dios. La semana anterior, mientras le «ayudaba» a su padre mecánico a reparar camiones, le había hecho repetidas preguntas sobre el cielo.

Chino había hecho todo lo posible por responder a las preguntas de Alex y, mientras trabajaban juntos, cantaban canciones evangélicas sobre el cielo.

De repente, la voz de Techi interrumpió la charla feliz de la fiesta: «¿Dónde está Alex?».

Todos comenzaron a buscarlo. Chino corrió hacia la piscina y vio un pájaro muerto flotando en el agua. A medida que se acercaba, vio a Alex en el fondo de la piscina. Al parecer había saltado al agua para rescatar al pájaro, pero no sabía nadar.

Chino sacó a Alex del agua e inmediatamente se dio cuenta de que el pequeño ya se había ido al cielo. Sin embargo, corrió con su hijo a un hospital cristiano privado, y nos llamó desde allí. Bill corrió a la sala de emergencias. Pero ni la habilidad médica ni la oración hicieron que Alex volviera. Chino gritó angustiado: «Dios, nos prestaste a Alex durante tres años maravillosos. ¡Te lo devolvemos!».

Bill y yo estábamos asombrados por la actitud de Chino de agradecer a Dios en lugar de culparlo. La familia pidió que Bill hablara en el funeral. Alex iba a ser enterrado en el mausoleo familiar. Una gran multitud llenó el cementerio. Bill encontró un escalón elevado del mausoleo en donde pararse.

Todos fuimos conscientes de la presencia de Dios cuando la voz fuerte y clara de Bill compartió la verdad bíblica de la resurrección. Al concluir, Bill dio la oportunidad pública de aceptar el regalo de Dios de la vida eterna. Innumerables personas en la multitud levantaron sus manos para aceptar al Señor Jesús.

Durante todo este tiempo, noté una extraña tranquilidad, sin perros ladrando. Nubes bajas, negras y ominosas llenaban el cielo. Entonces las nubes se abrieron. Era como si Dios nos hubiera dado una ventana de tranquilidad y silencio para escuchar una palabra del cielo antes de que una gran tormenta tropical azotara el área.

Tuvimos que esperar varias horas en nuestro vehículo antes de que las aguas de la inundación se drenaran lo suficiente como para conducir a casa. Continuamos preguntándonos por qué Dios había elegido permitir la muerte de este precioso niño, pero un fuerte y claro «¡Gracias!» brotaba de nuestros corazones y labios a Aquel que todo lo hace bien.

Algún tiempo después, me invitaron a dar una charla, en nuestro retiro nacional anual de Paraguay, a las esposas de los pastores de las Asambleas de Dios. Durante el evento, escuché gritos dolorosos y desgarradores.

Después de investigar, fui testigo de la angustia de la esposa de un pastor que intentaba calmar a su hijo Samuelito, de dos años, que había nacido con los intestinos fuera de su frágil cuerpecito. Los médicos especialistas ya lo habían operado cuatro veces, pero su salud seguía deteriorándose.

Mi corazón se conmovió por la familia de este joven pastor. Cuando regresé a Asunción, compartí la necesidad del pastor Osvaldo, María Celina y su hijo Samuelito con nuestros queridos amigos Larry y Dee McGee, quienes estaban en Paraguay dando algunos cursos de posgrado sobre ministerio cristiano. Dee dijo: «Hilda, estoy seguro de que hay personas y organizaciones que pueden ayudar. Cuando regresemos a los Estados Unidos, veré qué puedo hacer».

Después de mucha investigación y trabajo duro, Dee me escribió con buenas noticias. Un hombre de negocios estadounidense cristiano se había ofrecido a pagar ocho mil dólares para los gastos médicos.

Un cirujano ofreció hacer la cirugía. Un médico local donó sus servicios durante la cirugía y el tratamiento de seguimiento del niño. La fundación infantil Ronald McDonald, que apoya a familias de niños enfermos, se ofreció a albergar a la madre y al niño durante su estadía.

Mientras tanto, desde Paraguay, pude conseguir vuelos gratuitos de American Airlines y visas médicas de la embajada de los Estados Unidos. El Hospital St. John en Springfield, Missouri, acordó brindar toda la atención hospitalaria para las necesidades de Samuelito a cambio de los ocho mil dólares que teníamos disponibles.

Alabamos a Dios por proporcionar estos increíbles recursos. Pero quedaba un gran obstáculo. Los médicos estadounidenses necesitaban el expediente médico paraguayo de Samuelito para evaluar sus necesidades.

María Celina solicitó repetidamente el expediente médico de su hijo al hospital infantil local y a sus doctores. Pero solo la seguían retrasando con promesas de mañana. Los días se convirtieron en semanas y las semanas en meses mientras Samuelito se debilitaba.

En una reunión de mujeres, en casa de una colega misionera, pedí oración por esta urgente necesidad. Oramos con mucho fervor, como si Samuelito fuera nuestro propio hijo. Cuando llegué a casa, Bill me dijo: «María Celina ha estado tratando de hablar contigo».

María había caminado varios kilómetros hasta el teléfono más cercano ya que el pequeño pueblo, donde su esposo era pastor, no tenía uno. Cuando finalmente nos conectamos por teléfono, escuché su entusiasmo: «El médico recibió un nuevo programa de computadora para traducir el expediente del español al inglés. ¡Ha prometido entregarme el expediente médico mañana!».

Esta fue una respuesta a la oración. Temprano a la mañana siguiente, María Celina recibió su gran archivo. Finalmente, se programó una fecha para volar a Estados Unidos. Con equipaje, pasaportes y documentos en mano, María Celina y Samuelito fueron despedidos en el aeropuerto por un gran grupo de familiares, vecinos y amigos.

María Celina estaba asustada, pues nunca había viajado en avión. Su esposo, Osvaldo, estaba preocupado por enviar solos a su esposa e hijo enfermo. Los tranquilicé, repasando la serie de milagros y muestras del cuidado de Dios que habían llevado a esta preciosa pequeña familia a este punto.

Justo cuando estaba hablando, una mujer se abrió paso entre el grupo: —Hermana Hilda. Usted no me conoce, pero yo la conozco. ¿Viaja a Miami? Si es así, estamos en el mismo vuelo.

—No, no soy yo la que viajo —respondí—. Estoy aquí para enviar a la esposa de este pastor y a su hijo enfermo a un hospital en los Estados Unidos.

Rápidamente le expliqué la situación y luego continué: —Mi querida hermana, creo que eres un ángel enviado por Dios para ayudar a María Celina y Samuelito en su primer vuelo.

—¡Por supuesto, por supuesto! ¡Desde luego, los ayudaré! —asintió fervientemente. Todos nos tomamos de la mano, encomendando a los viajeros a nuestro fiel Padre celestial. Después de muchas lágrimas y abrazos, María Celina y Samuelito abordaron el vuelo junto con su ángel protector.

El vuelo a Miami tenía una escala en Sao Paulo. Mientras María Celina batallaba con una maleta pesada y su hijo en llanto, otro pasajero que los observaba fue a una tienda del aeropuerto y les compró una maleta de mano con ruedas y unas botellas de yogur bebible para la madre y su pequeño. María Celina quedó atónita por este generoso regalo, especialmente porque el otro pasajero no tenía forma de saber que el yogur era la única bebida que su hijo podía tolerar.

Cuando llegaron a Miami, un oficial de inmigración de los Estados Unidos los llevó a una sala de inspección. Cuestionó el expediente médico, ya que Samuelito no parecía enfermo a sus ojos. Luego María Celina acostó a su hijo en una silla para cambiarle el pañal. Al ver sus intestinos expuestos, el oficial palideció y los acompañó rápidamente a través de Inmigración, donde fueron aceptados en los Estados Unidos.

Nuestra hija y algunas otras personas dieron la bienvenida a María Celina y a su hijo en el aeropuerto de Springfield. En el grupo estaba Becky Powers, quien había vivido en Paraguay con sus padres misioneros. Ella se puso en contacto con la prensa local para preguntarles si estarían interesados en esta inspiradora historia de generosidad de los ciudadanos de Springfield.

Había reporteros y cámaras de televisión en el aeropuerto para documentar la historia. Cuando se transmitió en varios medios de comunicación, la gente comenzó a llevar, para María Celina y Samuelito, comida, pañales, artículos de tocador, entre otros, a la Casa Ronald McDonald.

María Celina no hablaba inglés, pero se le asignó a un practicante universitario, de la carrera de Español, como chofer y traductor durante las citas médicas. Diariamente, los medios siguieron el viaje médico de Samuelito. Enfermeras, médicos, nuevos amigos y miembros de la iglesia expresaron su cuidado de muchas formas prácticas.

Varios grupos de escuela dominical y otros invitaron a María Celina a compartir su historia y algunos niños de la escuela local recaudaron fondos para ayudar a cubrir los gastos. Un niño de preescolar recaudó setenta dólares afuera de una tienda Walmart.

Aproximadamente tres meses después de varias cirugías exitosas, Samuelito recibió autorización de los médicos para regresar a Paraguay. Me uní con sus familiares y familias del vecindario a una celebración de bienvenida a casa en el aeropuerto de Asunción.

Esa escena está permanentemente grabada en mi memoria. María Celina sostenía a un niño, ahora saludable, vestido con ropa nueva y abrazando su propio balón de futbol. Cuando Samuelito vio a su padre, se escapó de los brazos de su madre y corrió a los brazos de Osvaldo.

Una vez en casa, María Celina abrió un sobre que contenía donativos de muchos residentes de Springfield. Mientras ella y su esposo Osvaldo contaban el dinero, se dieron cuenta de que había suficiente para pagar todas las cuentas que habían acumulado en Paraguay por las cirugías anteriores fallidas.

Habían experimentado un verdadero milagro moderno y, gracias al cuidado sanador de Dios, a los amigos, las fundaciones caritativas y a los generosos especialistas, un niño feliz y saludable se reunía con su familia.

La Primera Sonrisa de Samuelito.

Capítulo 41

Un Milagro Andante

En 1998, recibimos la noticia de que mi hermana Pauline estaba muriendo de cáncer de huesos en etapa cuatro. Bill se ofreció a dar mis clases e inmediatamente compré un vuelo a Kalispell, Montana, el aeropuerto más cercano a su casa en Bigfork, una pintoresca ciudad a la orilla del lago.

Pauline, tan solo tres años mayor que yo, había sido una segunda madre para mí, especialmente cuando nuestros padres fueron a servir al otro lado del mundo. Ella me había consolado cuando extrañaba a mi mamá.

Nos mudamos juntas a los Estados Unidos y asistimos juntas a la universidad bíblica. Incluso después de que ambas nos casamos y el ministerio nos separó miles de kilómetros, nos mantuvimos en contacto en cada oportunidad, riendo, llorando y compartiendo secretos de hermanas. Yo había estado con Pauline y Halden cuando el Señor Jesús se llevó a su hijo David, de seis años, a su hogar celestial.

Ahora mi querida hermana se enfrentaba a otra crisis. Los médicos no le daban ninguna probabilidad de supervivencia. Sus familiares y amigos se habían reunido en el hospital para despedirse. Pero el plan de Dios para Pauline en esta tierra aún no estaba terminado. Más tarde nos compartió lo que ella estaba experimentando mientras que, a todas luces, yacía inconsciente en su cama de hospital.

Pauline vio lo que parecía ser un carrusel, pero en lugar de caballos u otros animales lindos, las criaturas que giraban alrededor parecían monstruos feroces y malvados listos para atacar.

De pie alrededor de su cama, su familia la escuchó decir: «¡No! ¡No! ¡No!», a cada criatura mientras giraban a su lado. Pero una criatura estaba cubierta con una tela blanca prístina. Pauline no podía ver lo que había debajo de la tela, pero de alguna manera sabía que era divina. Con voz clara, ella le dijo: «¡Sí!».

Inmediatamente la figura se descubrió y Pauline vio una hermosa águila. Se montó en su espalda y juntos se elevaron al cielo. Desde las alturas, podía ver su cuerpo en la cama del hospital. Entonces el águila dio media vuelta y descendió. Pauline se encontró de repente de vuelta consciente en su cuerpo. Aunque enfrentó un largo proceso de oración, quimioterapia, trasplantes de médula ósea y muchos cuidados, estaba viva.

Cuando llegué a la casa de los Curtiss, encontré a mi hermana esqueléticamente delgada, pero con un espíritu fuerte que alababa al Señor. Fue un honor para mí cuidarla durante las siguientes siete semanas para que Halden pudiera continuar con sus responsabilidades ministeriales. Todos los días nos preguntábamos si Pauline sobreviviría al día siguiente. Tenía los ojos hundidos y no podía levantarse de la cama ni retener más que pequeñas cantidades de comida.

Las expresiones de amor de parte de la comunidad nos conmovieron. Dos congregaciones locales hicieron listas de personas que querían limpiar la casa y traer comida para Pauline. Alimentos, flores, llamadas telefónicas, visitas personales, incluso de niños, llenaban cada día. Aunque yo sentía que ella no era lo suficientemente fuerte, invitó a amigos de cerca y de lejos. Cada uno salió bendecido y animado.

Stefan von Trapp, hijo de Werner von Trapp, de los cantantes de la familia Trapp (rebautizado como Kurt en la película *La Novicia Rebelde*), vivía cerca con su esposa Annie y sus cuatro hijos Sofía, Melanie, Amanda y Justin. La familia asistía a la iglesia que Pauline y Halden pastoreaban y todos habían heredado el don del canto de los von Trapp.

Un día trajeron verduras y flores frescas de su jardín. Mientras Pauline yacía en el sofá, armonizaron sus melódicas voces y cantaron la canción de despedida de *La Novicia Rebelde*. Cuando fueron mayores, los cuatro niños formaron un grupo de canto llamado Los Von Trapps y, desde entonces, sus dones para el canto los han llevado por todo el mundo.

Durante este tiempo, Pauline experimentó otra visita sobrenatural. Vio un gran barco navegando hacia ella en aguas azules pacíficas. La leyenda «Sanidad en sus alas» estaba escrita claramente en cada vela. Cuando el barco atracó, vio que estaba lleno de gente feliz cantando y alabando a Dios. Unas escaleras circulares conducían a la cubierta del barco donde el capitán, elegantemente vestido con un uniforme blanco, preguntó: —Pauline, ¿estás lista para unirte a nosotros?

El capitán se fue. Pauline pensó en su familia. Quería ver a su hija casarse y ver crecer a sus nietos. Finalmente, el capitán regresó y preguntó: —¿Estás lista?

—Quiero ir —respondió Pauline—. Pero no estoy lista para dejar a mi familia.

—Está bien —el capitán señaló el horizonte—. ¡Solo recuerda, es solo el otro lado!

Pauline vio esta misma visión tres veces. Cuando se la contó a sus hijos, ellos insistieron: «¡Mamá, por favor, no abordes el barco cuando atraque la próxima vez!».

Cada mañana mientras estuve allí, Pauline y yo disfrutamos juntas de un tiempo devocional. Leímos la Palabra de Dios, expresamos nuestros confundidos pensamientos y deseos en oración, reflexionamos sobre las visitaciones divinas de Pauline, consoladas al saber que ella estaba segura y en paz en las divinas manos sanadoras de Dios.

Fuimos en auto al hospital para la quimioterapia de Pauline. Los médicos y las enfermeras siempre le daban la bienvenida con alegría, ya que su espíritu positivo animaba a los demás pacientes que recibían tratamiento. La quimioterapia y otros medicamentos le pasaron factura, dejándola débil y con náuseas. Había perdido su cabello y tenía que usar una peluca.

Pero a pesar del pronóstico sombrío de los médicos, Pauline comenzó a mejorar cuando el poder sanador de Dios tocó su frágil cuerpo. Una vez que terminaron las clases del Instituto Teológico en Asunción, Bill se reunió con nosotros en Montana. Cuando partimos para volar de regreso a Paraguay, Pauline se había levantado de la cama y daba algunos pasos tambaleantes.

«¡Te volveremos a ver sana!», Bill le aseguró a mi hermana.

Esto parecía imposible. Pero una vez más fuimos testigos de que «imposible» no está en el vocabulario de Dios. Para asombro de los médicos, el cáncer de Pauline entró en remisión completa. Hoy ella está sana y fuerte, aunque sufre algo de neuropatía por las altas dosis de quimioterapia.

Desde entonces, su oncólogo ha recomendado a muchos de sus pacientes con cáncer que se comuniquen con Pauline para recibir aliento y oración. Su difícil travesía a través del cáncer se convirtió en una gran bendición para muchas personas. ¡Estoy tan agradecida por una hermana divertida, fiel, fructífera y fabulosa que es verdaderamente un milagro andante!

Capítulo 42

¡Ladrones!

Una mañana después de nuestro regreso a Paraguay, salí a caminar temprano a un parque cercano con mi vecina Benita, algo que hacíamos a menudo antes de que el calor se volviera demasiado incómodo para estar afuera. Eran alrededor de las 7 de la mañana cuando llegué a casa.

Justo cuando entré por la puerta principal, vi hombres salir corriendo por las puertas traseras que conducían al patio. Retrocediendo, bajé corriendo los escalones y me dirigí a la casa de Benita, gritando en español: «¡Auxilio! ¡Auxilio! ¡Ladrones!».

Vi a un joven que pasaba por la calle y le pregunté si entraría a mi casa con Benita y conmigo, pensando que un acompañante masculino podría protegernos si todavía había ladrones dentro. Él se negó y se alejó rápidamente, así que entré en la casa de Benita y usé su teléfono para llamar a Bill, quien ya se había ido al Instituto Teológico a dar sus clases.

Cuando volví a salir, un brasileño grande y musculoso que vivía al otro lado de nuestra casa había salido a la calle. Nunca habíamos visto al dueño de esa casa, que era una gran propiedad conectada a un club nocturno. Este hombre estaba alquilando una habitación allí desde hace algunos meses y a menudo lo veíamos yendo y viniendo a horas extrañas, de día y de noche, en diferentes autos y con diferentes mujeres.

Al acercarse, dijo: —Escuché que alguien pedía ayuda. Habría venido antes, pero estaba en la ducha. ¿Puedo ayudarla?

Su cabello mojado corroboró su historia. Agradecida por cualquier ayuda, respondí: —Sí, por favor, si me acompaña adentro, se lo agradecería mucho.

Vino de buena gana. Cuando entramos en la casa, comenté: —Los ladrones ciertamente eligieron la casa equivocada para robar. No tenemos joyas, dinero ni ningún objeto de valor.

No tenía idea de cuán importante se volvería esa afirmación. En el interior, encontré todo tirado y revuelto. Caminamos entre documentos, suministros de oficina, archivos, libros, colchones y cajones desordenados. Cada habitación había sido destrozada.

El vidrio de las puertas estaba roto, probablemente así habían entrado los ladrones. Cuando salimos al patio, vi pesadas cuerdas conectadas a enormes ganchos de hierro. Unas colchas anudadas sostenían pequeños electrodomésticos y cualquier otra cosa que se pudiera revender.

Nuestra casa, como la mayoría de los hogares en Paraguay, tenía un muro alto alrededor con alambre de púas y vidrios rotos incrustados sobre la barda. Habían arrojado colchones delgados sobre la pared que separaba nuestra casa de la casa donde mi compañero rentaba una habitación, quizá para protegerse del alambre de púas y el vidrio.

Habían colocado una escalera contra la pared del otro lado. Claramente, los ladrones habían usado los ganchos y las cuerdas para pasar los bultos de su botín sobre la pared.

El vecino se ofreció a dar la vuelta a la manzana para ver si podía atrapar a los ladrones con los objetos que ya habían pasado por encima del muro. Cuando se fue, le agradecí efusivamente. Poco después, llegó Bill. Al entrar en lo que una hora antes era una oficina ordenada y organizada, me abrazó y dijo: «¡Cariño, oremos!».

Ceñida en su abrazo, me regocijé en su amoroso discurso al Padre celestial: «Amable y misericordioso Señor, te agradezco por proteger a Hilda. Gracias porque ella está a salvo. Por favor, danos sabiduría para saber qué pasos tomar. Quienquiera que sean estos ladrones, por favor cambia sus malvados corazones. Una vez más, nos encomendamos nosotros mismos y nuestro hogar para que sean utilizados para tu honra y gloria».

Siempre había disfrutado mirar hacia arriba desde mi pequeña estatura para admirar la apuesta complexión de 6 pies 4 pulgadas (1.93 metros) de mi esposo. Pero ese día, lo vi no solo como un hombre físicamente grande, sino como un gigante espiritual de profunda fe y excelente carácter. En medio de nuestra casa destrozada, su primera respuesta fue dar gracias a Dios porque yo estaba a salvo y porque Dios estaba con nosotros.

Dos semanas después, los vecinos llamaron a nuestra puerta con un periódico. Nos mostraron una noticia que incluía una fotografía y añadieron: «El hombre en esta foto es el que planeó el robo a su casa».

Inmediatamente reconocimos a nuestro vecino brasileño. Había sido arrestado por la policía, y la noticia informaba que se le consideraba miembro de una mafia brasileña desde hace mucho tiempo y que tenía un largo historial criminal de asesinatos y robos. Ahora estaba claro que él había organizado al equipo que saltó el muro.

Por lo general, me iba desde temprano en la mañana hasta las 12:30 del día para dar clases en el Instituto Teológico, por lo que sin duda pensó que tenían tiempo de sobra para pasar nuestras pertenencias por encima del muro y hacia adentro del club nocturno, que estaba vacío a esa hora, para luego cargarlas en un camión. Cuando volví de mi paseo, saltó el muro y se metió en la ducha para tener una coartada.

Con su historial de violencia, tuvimos suerte de que no hubiera regresado. Lo atribuyo a mi comentario casual de que no guardábamos objetos de valor en la casa, ya que claramente decidió que nuestra casa no valía el esfuerzo de una segunda visita.

En todos los meses que había vivido en la casa de al lado, debió escuchar el evangelio muchas veces a través de las historias bíblicas, cantos y oraciones que realizábamos en nuestra «hora feliz», el evento semanal para niños que teníamos en el patio. Pero en lugar de arrepentirse, eligió continuar con su malvado estilo de vida.

Ahora teníamos aún más razones para alabar a Dios por su protección ese día y por sacar a este hombre de nuestro vecindario y de las calles para siempre.

Capítulo 43

Un Adiós Más

Por el año 2000, Dios nos estaba mostrando a Bill y a mí que nuestro tiempo en Paraguay estaba llegando a su fin. Dios había seguido trabajando de manera poderosa en los doce años que habíamos estado ahí. No solo estaba creciendo la Iglesia evangélica de manera explosiva, sino que también había más líderes y pastores piadosos bien capacitados de la Iglesia nacional, muchos de ellos estudiantes y graduados del Instituto Teológico.

En una carta sobre nuestro ministerio, que enviamos a nuestra familia y amigos donantes un año atrás, compartimos diversas maneras en las que Dios estaba usando a nuestros recién graduados. Marta dirigía un estudio bíblico y un programa para alimentar a niños en situación de calle. Seratti estaba formando una red de policías cristianos con el propósito de tener por lo menos a un creyente en cada estación de policía.

Alejandro estaba liderando un equipo evangelístico en comunidades rurales en necesidad. Tito era el pastor auxiliar de una congregación dinámica de cinco mil personas. Oscar estaba plantando una nueva iglesia en el pequeño pueblo de Itacurubi. Lourdes estaba dirigiendo clubes de niñas cristianas y equipos de teatro.

Pati servía a dos mil niños necesitados en las escuelas de Child Care (Cuidado Infantil), que ahora se llama Child Hope (Esperanza Infantil), un programa patrocinado por las Asambleas de Dios que provee educación cristiana accesible para niños en necesidad en toda Latinoamérica.

Otro de nuestros estudiantes había sido parte de una peligrosa pandilla callejera en su adolescencia. Había contraído polio, lo que lo dejó confinado en una silla de ruedas de manera permanente.

Lleno de amargura, encontró un alivio temporal en el alcohol. En 1981 cuando tenía diecinueve años, alguien le compartió el evangelio. Entregó su vida a Cristo y fue transformado instantáneamente. Comenzó a leer la Biblia y a compartir sobre su nueva fe a los miembros de su pandilla.

Le encantaba el futbol soccer y seguía a un equipo en particular. Un día le preguntó al entrenador si podía compartir la Palabra de Dios a los jugadores. El siguiente domingo, tuvo la oportunidad de compartir antes de un importante juego de eliminatorias. Pero el equipo estaba más interesado en conocer si Dios le había dicho quién iba a ganar el partido. Él respondió: «Si Dios quiere, ganaremos».

El equipo perdió el partido y no lo volvieron a invitar. Pero varios años después, lo invitaron a ser el capellán de ese equipo, fue un puesto que mantuvo por más de seis años. Los miércoles y viernes daba un estudio bíblico a los jugadores y oraba con ellos. Los domingos, antes de cada juego, animaba a los jugadores con las Escrituras y la oración. Al mismo tiempo, él estudiaba para el ministerio en el Instituto Teológico.

Los testimonios de otros cristianos paraguayos consagrados, nos hicieron sentir honrados de servir a su lado. Una iglesia en Asunción tenía problemas con un vecino malhumorado que trató de convencer a aquellos que vivían cerca de la iglesia, de que firmaran una petición para forzarlos a cerrarla.

El hombre alborotador de pronto tuvo un infarto. Los líderes de la iglesia, en lugar de alegrarse, lo visitaron en la unidad de terapia intensiva, oraron por él y donaron sangre. Dios lo sanó y su familia entera se volvió parte de esa iglesia.

En el día de San Valentín, Bill fue invitado a hablar en una iglesia grande de las Asambleas de Dios en Asunción. Al dar la conclusión de su mensaje, animó a los esposos a expresar su amor a sus esposas de maneras tangibles, sugiriendo regalar flores o un perfume. Un hombre de negocios cristiano que estaba sentado en la congregación, al escuchar las recomendaciones de Bill, se sintió llamado por el Espíritu de Dios para responder.

Roberto era un importador de perfumes caros europeos. Había recibido por envío un contenedor con su orden reciente de perfume. Pero descubrió que esa enorme caja de metal había sido dañada en el camino. Las botellas de perfume estaban intactas, pero las cajas con sus diseños y marcas estaban aplastadas y rotas, haciendo que los productos fueran imposibles de vender en el mercado de lujo previsto.

Mientras tanto, nuestro colega y director del ministerio Teen Challenge (Desafío Juvenil Global) en Paraguay, el Dr. Rodney Hart, había estado orando con su equipo para que Dios proveyera las necesidades financieras urgentes, debido a su alcance creciente en la prisión de Tacumbú y en el campamento rural de rehabilitación.

Roberto donó el envío completo de perfume a Desafío Juvenil Global. En los siguientes dos años, exdrogadictos y extraficantes transformados por el poder de Dios, vendieron estos perfumes a precios muy bajos en las entradas de los supermercados a los alrededores de Asunción. Los ingresos financiaron este creciente y efectivo ministerio de rehabilitación de drogas.

Son muchas más las historias que podríamos contar que no cabrían en este libro. Pero a finales del año 2000, Dios nos había hecho sentir, tanto a Bill como a mí, que ya era tiempo de delegar la dirección del Instituto Teológico a líderes bien capacitados de las Asambleas de Dios de Paraguay.

Nosotros aceptamos una invitación de las Asambleas de Dios de Costa Rica para ayudar, una vez más, en el Instituto Bíblico y a organizar un equipo para presentar la obra *Heaven's Gates* (*Las Puertas del Cielo*) por todos lados en ese país.

Mientras empacábamos y nos preparábamos para partir, a Bill y a mí nos invitaron a compartir por última vez a nuestros pastores y líderes paraguayos de las Asambleas de Dios. Yo compartí algunas enseñanzas de vida que había aprendido del ejemplo de nuestros queridos amigos paraguayos en vez de que ellos me las hubieran enseñado de manera expresa.

Ellos nos enseñaron sobre *aceptación*. Aunque éramos extranjeros, nos acogieron, nos mostraron compañerismo, compartieron alimentos, vacaciones y chistes. Cuando batallamos por las decisiones inmaduras de algún hijo a miles de kilómetros de distancia, ellos oraron con y por nosotros como familia.

Ellos nos enseñaron que uno no tiene que ser rico para mostrar *generosidad*, pues llenaron nuestro hogar con obsequios: comida, plantas, bellas artesanías locales y otros regalos.

Nos ejemplificaron lo que significa el *sacrificio gozoso*. Julio ni siquiera tenía una cama para dormir, pero insistió en hacer una promesa de fe para la misión. Ceferino caminaba 4 millas (más de 6 km) hacia el Instituto Teológico para poder donar el costo de sus pasajes a las misiones.

Eunice renunció a un empleo bien pagado para poder servir de tiempo completo al codirigir la obra de *Las Puertas del Cielo* y recibir solo el diez por ciento del salario anterior. Blanca convirtió su bicicleta en una ambulancia para así poder balancear a personas enfermas de su vecindario en la parte trasera y transportarlas al servicio médico.

Nos enseñaron el significado de *diversión y compañerismo*. Los paraguayos no necesitan una celebración elegante, con alimentos costosos ni decoraciones. Solo estar juntos contando historias, chistes y juegos hacen que una fiesta sea especial.

También pusieron el ejemplo con relación al *respeto*. Cuando un adulto mayor entraba al lugar, los niños y jóvenes se paraban para saludarlo. Ellos saludaban a los adultos respetuosamente diciendo «hermana Hilda» o «hermano Bill», no solo por sus nombres de pila. Los únicos asilos eran centros de enfermería para los que estaban muy enfermos o que no tenían familia. Los hijos y nietos cuidaban de buena gana a los mayores.

Y finalmente, los creyentes paraguayos nos habían enseñado que un funeral puede ser una celebración cuando se trata de una bienvenida a la presencia de Dios. No era un servicio de una hora, como es típico en Estados Unidos.

Durante rondas de 24 horas, amigos y familiares tocaban guitarras, los mariachis cantaban acerca del cielo, la gente contaba testimonios y compartían las Escrituras. Había abrazos y lágrimas tanto de gozo como de dolor. Al siguiente día, los familiares y amigos caminaban acompañando el féretro todo el camino desde su casa hasta el cementerio.

¡Adiós, hermoso Paraguay!

Capítulo 44

¡Así es Como a Él le Gusta!

Antes de mudarnos de vuelta a Costa Rica, pasamos un tiempo en los Estados Unidos en un viaje para afianzar relaciones con donantes. Phil y Karen estaban viviendo en Indianápolis, Indiana. Mientras los visitábamos, llevamos a sus dos hijas al zoológico de Indianápolis. Nos estacionamos e íbamos saliendo del carro cuando vimos a unos metros de nosotros, a un grupo familiar de niños, padres y abuelos saludándose con mucha emoción.

—Te traje algo de Colombia —escuchamos decir al jefe de la familia.

La mención de Colombia, otro país de Sudamérica, fue suficiente para que Bill caminara hacia ellos para presentarse.

—¿Qué te llevó a Colombia? —le preguntó al hombre.

—Mi esposa y yo acabamos de regresar de un viaje de exploración —respondió el hombre. Se presentó como David y su esposa como Candy.

—Regresaremos con un grupo de mujeres cristianas de aquí de Indiana para pintar y amueblar un Instituto Bíblico ahí. Candy lleva a un equipo a un país diferente cada año.

—Qué interesante —comentó Bill—. Mi esposa Hilda y yo estamos transicionando de Paraguay, donde servimos en un Instituto Bíblico, a Costa Rica, donde haremos lo mismo.

Ahora la otra pareja estaba igualmente intrigada. Candy preguntó: —Y, ¿con qué misión sirven ustedes?

—Con la Misión Mundial de las Asambleas de Dios —respondió Hilda.

—¡Qué coincidencia! —exclamó Candy—. Mi esposo David es el secretario tesorero del distrito de Indiana de las Asambleas de Dios y yo soy la directora de los ministerios de mujeres.

—Bueno, en un futuro, si quisieran llevar a un equipo a un hermoso país lleno de gente cálida y amorosa, tal vez podrían considerar Costa Rica —le sugerí.

Intercambiamos nuestras tarjetas de presentación y nos fuimos por caminos diferentes. Pero ese encuentro inesperado en el estacionamiento de un zoológico solo probó ser el inicio de un plan orquestado por Dios. Regresamos a Costa Rica y nos dimos cuenta de que su cultura, economía y turismo habían cambiado drásticamente en los doce años que estuvimos fuera.

También estábamos agradecidos de ver tanto crecimiento de las semillas que habíamos dejado plantadas años atrás. Supimos de exalumnos que ahora estaban dirigiendo congregaciones en crecimiento y sirviendo a sus comunidades de maneras prácticas y espirituales.

Un año después, me encontré la tarjeta de presentación de Candy en mi escritorio y la contacté al correo electrónico que venía ahí: «Hola, Candy. Soy la señora que conociste por casualidad (por cita divina) en el zoológico de Indianápolis. Tenemos necesidades urgentes en Costa Rica, especialmente en el Instituto Bíblico nacional. ¿Podrían considerar bendecir a Costa Rica como lo han hecho en otros países?».

Candy respondió que ella y el comité de su ministerio de mujeres estarían orando sobre esa posibilidad. Después me informó que habían decidido enfocarse en Costa Rica para el 2003. Candy y David volaron para hacer un viaje exploratorio. A petición de Candy, los misioneros y líderes nacionales compilaron listas de deseos para varios proyectos, los cuales Candy a su vez compartió con las líderes del ministerio de mujeres de las Asambleas de Dios de Indiana.

En noviembre de 2002, Candy me invitó a la convención anual de mujeres de las Asambleas de Dios de Indiana, en Indianápolis. Observé conmovida cómo las mujeres de diferentes lugares y contextos traían sus regalos para Costa Rica, incluyendo aparatos eléctricos, blancos, artículos para el baño y la cocina, y artículos escolares. Muchas ya habían enviado ofrendas en efectivo para comprar aparatos de cocina, colchones y otros productos más grandes.

El lunes por la mañana, un gran contenedor llegó al estacionamiento. Entonces, un equipo maravilloso de voluntarios hizo frente al frío para cargarlo con un total de 564 cajas. Milagrosamente, todo cupo en el contenedor sin dejar espacio para ninguna otra caja adicional. Su contenido estaba valuado en más de $130,000 dólares, incluyendo estufas, refrigeradores, congeladores, freidoras, una centena de colchones, treinta mesas de 8 pies (2.5 metros), trescientas sillas plegables y mucho más.

Cuando terminaron de empacar, juntamos todos nuestras manos y corazones en un gran círculo y agradecimos a Dios por haber inspirado a Candy para suplir las necesidades urgentes a través de estas preciosas y devotas mujeres. Dios protegió ese contenedor, incluso cuando por error fue enviado a Panamá, donde afortunadamente fue interceptado y redirigido a Costa Rica.

Qué gozo ver las expresiones de las personas que recibieron cada artículo como si viniera de la mano misericordiosa de Dios. El Instituto Bíblico, Desafío Global, Cuidado Infantil Latinoamérica, la Escuela de Idiomas y los ministerios de teatro y evangelismo infantil en las calles fueron bendecidos.

Más allá de estos regalos, un total de 106 mujeres de las iglesias de las Asambleas de Dios en Indiana, vinieron en períodos de dos semanas para limpiar, reparar, pintar y coser.

A pesar de encontrarse en un contexto, cultura e idioma diferentes, Dios las unió para trabajar en cercana armonía, reconociendo que eran parte de un emocionante plan divino. Su respuesta constante cuando les preguntaban cómo les estaba yendo, se convirtió en el lema del grupo: «¡Así es como nos gusta!».

Nuestro superintendente costarricense de las Asambleas de Dios observó a estas mujeres cantar mientras pintaban en andamios altos, instalando paredes de yeso, cosiendo, colgando bordes de pared y otras tareas y les comentó: «Damas, ustedes nos han dado un gran ejemplo. Ahora queremos seguir su ejemplo al dar y trabajar sacrificialmente por otros. ¡Gracias por venir!».

El conductor de nuestro autobús, Jorge, comentó: «En mis veintiséis años brindando servicios privados de autobús, nunca había visto tanta bondad».

Adriana, la gerente del hotel donde el equipo visitante se estaba hospedando, se unió a los devocionales en el sitio de trabajo. Al observar los regalos que habían traído y su arduo trabajo, dijo:

«Nunca había visto a un grupo así. Son tan diferentes a los huéspedes ejecutivos que comúnmente vienen. El dueño del hotel, los cocineros, los recepcionistas y yo, hemos notado cómo ustedes expresan amor e interés hacia nosotros como individuos. No puedo creer que este material y artículos tan caros hayan sido comprados gracias a las donaciones de mujeres que ni siquiera vienen de contextos adinerados. Nunca seré la misma y le agradezco a Dios por ustedes. Mi esposo y yo ahora queremos dar más de nosotros al Señor».

¿Valió la pena el esfuerzo? Los misioneros, los locales, el personal del hotel, el conductor del camión y 106 mujeres de Indiana expresaron juntos: «Hemos dado, pero hemos recibido más».

Candy añadió a su lema un pequeño cambio: «¡Así es como a Él le gusta!».

Capítulo 45

Intervenciones Divinas en Costa Rica

Regresando a San José, Bill y yo encontramos un departamento pequeño para alquilar en el piso de arriba, en un complejo con cuatro viviendas. Pronto nos convertimos en amigos cercanos de John y Mary, misioneros de las Asambleas de Dios, que vivían en el piso de abajo. John era un exmarino y un constructor muy creativo que podía arreglar prácticamente cualquier cosa.

Mary había sido una *hippie* y era una lingüista talentosa. Cuando recién se convirtieron a Cristo, Dios los había llamado a China. Ellos inmediatamente empezaron a aprender mandarín, pero las puertas para servir en China se cerraron herméticamente.

La Misión Mundial de las Asambleas de Dios les sugirió que usaran sus diversas habilidades en Latinoamérica hasta que las visas chinas estuvieran disponibles. Después de aprender el idioma, John hizo algunos proyectos de construcción mientras Mary enseñó inglés a los latinos que se estaban preparando para misiones internacionales. En las noches, nos ayudaron mucho en las presentaciones de la obra *Las Puertas del Cielo*.

Una mañana, John nos compartió emocionado que Dios le había hablado a través de un sueño, diciéndole que era el tiempo de servir en China. Mary estaba desilusionada pues ya había llegado a amar la cultura, la gente y el español. Pero se unió a su esposo para obedecer el llamado de Dios.

Juan inmediatamente lo comunicó al director de las Misiones de las Asambleas de Dios. Él respondió: «¡Esto es maravilloso! Justo hoy escuché de parte de nuestro director de área en el norte de Asia que, por primera vez en la historia reciente, se le ha otorgado el permiso para construir. ¡Necesitamos constructores ahí urgentemente!».

En el momento preciso, Dios proveyó de manera providencial a esta pareja talentosa que respondió a la necesidad. John y Mary nos inspiraron con su compromiso a seguir la dirección de Dios, sin importar el costo. Pronto, John estaba reparando edificios en ruinas y construyendo cafeterías y patios de juegos en muchas partes de este país del norte de Asia, mientras Mary enseñaba inglés en una escuela. Ellos traían gozo a donde quiera que servían.

También estuvimos muy contentos de reestablecer contacto con unos exalumnos nuestros, Guillermo y Sandra, que ya se habían casado y estaban sirviendo de tiempo completo. Habían plantado cuatro iglesias y nos invitaron a Bill y a mí para compartir con la nueva iglesia en formación.

Alejandro y Laura, unos miembros de la iglesia, habían ofrecido un techo de lámina contiguo para que más vecinos pudieran adorar a Dios. Pero incluso ese espacio extendido se hizo muy pequeño como para acomodar a todas las familias ansiosas por crecer espiritualmente. ¡Cuán gratificante fue para nosotros ver la cosecha de buenas semillas plantadas años atrás!

Más adelante en 2001, dos de nuestros tres hijos y sus familias pudieron visitarnos en San José. Nuestros tres hijos siempre han estado agradecidos por su herencia costarricense, pues tienen grandes recuerdos y amistades sólidas con costarricenses y otros hijos de misioneros.

Pudimos quedarnos en la casa rentada de unos colegas que estaban de viaje, así que había suficiente espacio. Visitamos la playa y planeamos una reunión informal para los amigos nacionales de la infancia y adolescencia de nuestros hijos.

El día de la reunión, desde temprano en la mañana hasta la noche, los invitados llegaron de manera constante. Los adultos se sentaron adentro, riendo y recordando experiencias de la infancia. Sus hijos y nuestros nietos jugaron felices afuera, a pesar de la barrera del lenguaje.

Un amigo cocinero había preparado grandes cantidades de arroz con pollo, un platillo tradicional de Costa Rica. Yo preparé una gran ensalada de repollo y horneé unos panqués de chocolate rellenos con crema.

Sin embargo para la tarde, ya todos los panquecitos se habían terminado. Me pregunté qué postre podría improvisar para darle a los invitados que seguían llegando. En ese momento, escuché la voz del dueño de la casa llamando a todos a salir a la puerta principal. Me puse nerviosa pues la casa la había rentado para una pareja y ahora estaba saturada, no solo con una gran familia sino con incontables visitas.

Sin embargo, el dueño sonreía mientras colocaba una enorme charola envuelta de manera festiva sobre la mesa de la cocina y dijo: «Señor y señora Bradney, mi esposa prepara pasteles de tipo alemán durante la temporada navideña y quiso compartir un pastel con ustedes».

Le agradecimos profundamente, explicándole que había llegado en el mejor momento. Servimos el delicioso pastel de su esposa a las visitas que iban llegando y le agradecimos a Dios por su provisión de repostería en ese momento de necesidad.

Ese mismo año, enseñé una materia de misiones en la noche en el Instituto Bíblico. Invité a una misionera soltera costarricense llamada Olga para que compartiera sobre sus vivencias sirviendo en Panamá. Ella plantó la primera iglesia evangélica en una comunidad llamada Punto Alegre. Un tiempo después, estaba visitando otra comunidad donde también había plantado una iglesia, cuando se involucró en una conversación con un hombre de negocios de la zona.

—¿De dónde eres? —preguntó.

—De Punto Alegre —respondió.

—Ese pueblo solía ser un lugar divertido —comentó él—. Los botes llegaban y los marineros y pescadores disfrutaban teniendo sexo con las muchachas locales, especialmente durante la temporada de carnaval. Era un punto de tráfico de drogas desde Colombia y podías conseguir las drogas más baratas que quisieras. Después una mujer se mudó ahí y la comunidad cambió por completo. Se acabaron la diversión y los carnavales.

Él no tenía idea de que estaba hablando con la mujer que Dios había usado para transformar Punto Alegre y otras comunidades. Conforme Olga iba compartiendo sus vivencias, una estudiante llamada Tamira que estaba sentada al frente del salón, comenzó a llorar. Después de la clase, Olga y yo oramos con Tamira. Nos preguntó si podía compartir algo durante la siguiente clase.

Tamira contó que ella era la única cristiana en su familia. Cuando tenía cinco años, fue profundamente impactada por una mujer joven que bajaba la montaña desde donde vivía para asistir a una pequeña iglesia evangélica, cerca de la casa de Tamira. La madre de Tamira, una católica devota, no le permitía a Tamira entrar a esa iglesia evangélica. Pero ella secretamente se colaba dentro y escuchaba a la joven enseñar la Biblia a un grupo de niños.

Tamira admiraba mucho a esa mujer, desde cómo se vestía hasta sus zapatos. Pero, más que eso, le atraía mucho el gozo y la paz que la joven irradiaba. Ahí en silencio le entregó a Jesús su corazón, anhelando ser como esta muchacha y hacer lo mismo que ella hacía.

Años más tarde, Tamira se mudó a San José para terminar su licenciatura. Para este tiempo, estaba asistiendo a una iglesia evangélica y estudiando en el Instituto Bíblico. Dios la había llamado a servir entre los musulmanes e incluso se cambió de carrera para ser una fisioterapeuta y con eso tener plataforma para alcanzarlos. Cuando escuchó a Olga compartir, Tamira se dio cuenta de que Olga era su heroína de la infancia, quien la había llevado a Cristo en esa clase de niños.

Al terminar su historia, Tamira le dijo a la clase: «Si Dios pudo usar a Olga de tan solo veinticuatro años de edad y sin soporte financiero, para plantar iglesias en pueblos llenos de pecado y sin caminos accesibles, entonces, ¡Él puede usarme a mí!».

Tamira renovó su compromiso para cumplir el llamado que Dios le hizo para alcanzar a los musulmanes. Esa noche, al regresar a casa, me fue difícil dormir al reflexionar sobre estas intervenciones divinas.

Otra intervención divina se destacó en nuestra segunda temporada sirviendo en Costa Rica. Habíamos conocido a Steffanie en Paraguay, donde ella trabajaba en la embajada americana. Como cristiana, se interesó en nuestro ministerio, manteniéndose en contacto con cada nueva publicación del Departamento de Estado, visitándonos y enviándonos ofrendas para proyectos ministeriales.

No la habíamos visto en algunos años cuando recibimos un cheque de parte de ella con una nota que decía: «¡Déjale al diablo un ojo morado!».

Tuvimos que reírnos, no solo por la imagen que evocó, sino porque ella no podía tener idea de los obstáculos, aparentemente insuperables, que habíamos estado enfrentando al tratar de lanzar la obra evangélica *Las Puertas del Cielo* en Costa Rica.

Las computadoras de la aduana habían quedado inservibles, así que no habíamos podido completar el papeleo para sacar el equipo necesario de la aduana. Tampoco habíamos presupuestado los fondos que nos habían dicho que teníamos que pagar por derechos de importación.

El tiempo se estaba acabando, así que el elenco completo de cincuenta personas se unió para ensayar y también para orar y ayunar con el equipo de liderazgo de *Las Puertas del Cielo*. El cheque de

Steffanie llegó justo en este punto crítico y fue suficiente para pagar los impuestos de importación para que el equipo fuera liberado.

Mientras tanto, Fernando, un joven local que ayudó en la obra de teatro, tuvo problemas para transportar el equipo a través de las montañas, desde el puerto a donde había sido enviado hasta la ciudad de San José. El camión se averió cinco veces en el camino, cada vez con un problema diferente. Fernando, ya todo acalorado, sucio y exhausto, se quejó: «¿Por qué a mí, Señor?».

De repente se dio cuenta de que estaba combatiendo contra fuerzas malignas. Conforme se resistía a Satanás, Dios lo animó. Pudo incluso llevar a un hombre a Cristo durante una de sus paradas indeseables, junto al camino. ¡Sin duda, eso le dejó un ojo morado a Satanás!

El equipo que tanto necesitábamos llegó diez minutos antes del último ensayo. Durante los siguientes tres días, Fernando vio a cinco miembros de su familia, junto con otros ochocientos arrepentirse y entregar sus vidas a Cristo. ¡Otro ojo morado!

Durante la Navidad del 2002, más de cinco mil costarricenses celebraron el nacimiento de Jesús en sus corazones por primera vez, al ver la obra *Las Puertas del Cielo*. El equipo de un noticiero de televisión secular filmó partes de la obra y la televisó en noticias nacionales.

Capítulo 46

Un Sueño Cumplido

Nuestros hijos a menudo nos decían: «Mamá, papá, ustedes han invertido décadas sirviendo en Latinoamérica. Ahora es el turno de nuestros hijos, sus nietos, para tenerlos cerca y verlos más».

En 2003, recibimos una amable invitación para servir como misioneros residentes, de parte del Dr. Don Meyer, presidente de nuestra *alma mater*, el Eastern Bible Institute (Instituto Bíblico Eastern). No solo estaríamos ayudando a preparar a los futuros líderes globales en este entorno académico, cerca de Filadelfia, Pensilvania, sino que podríamos disfrutar más tiempo con nuestra querida familia, en especial durante las vacaciones de verano.

Bill y yo dejamos Costa Rica en julio del 2003, con una maleta cada quien y muchas despedidas emotivas. Nos habían rentado una casa cerca del campus de Valley Forge donde íbamos a empezar a enseñar en tan solo dos semanas. Alquilamos un camión para llevar cosas que teníamos almacenadas en la casa de nuestra hija y otros muebles que nos donaron para nuestro nuevo hogar. Nuestro hijo Phil nos ayudó comprando un muy buen auto usado para nosotros.

Al bajar las cosas, colocamos cinco mesitas alrededor de nuestra sala de estar. Aunque provenían de tres estados diferentes, nos quedamos asombrados al descubrir que todas las mesas coordinaban.

Colgamos varias fotos y otras curiosidades de Paraguay, India y Costa Rica, tendimos nuestra cama con cobijas y sábanas que nos donaron, y colocamos algunos adornos en las ventanas.

Cuando terminamos, miramos alrededor y nos dimos cuenta de que los muebles donados, los *souvenirs*, las fotos del campo de misiones, los adornos de las ventanas y otros artículos de segunda mano armonizaban, como si todo hubiera sido perfectamente decorado por un diseñador de interiores. Nuestro amoroso Padre celestial había provisto para dos de sus hijos de una manera práctica y bella.

El Hospital General de Valley Forge estaba cerca del infame campamento de invierno de Valley Forge, donde George Washington y el Ejército Continental sufrieron de una manera brutal durante la Guerra de Independencia. Este sitio ahora es histórico.

Acertadamente, el hospital atendió a veteranos militares hasta que fue cerrado por el Departamento General del Ejército en 1974. En 1976, el extenso campus se convirtió en el nuevo hogar del Instituto Bíblico Eastern, que luego cambió de nombre a Valley Forge Christian College (Instituto Cristiano de Valley Forge) y hoy en día se llama Universidad Valley Forge.

Cuando caminamos por en medio de los edificios de ladrillos deteriorados para evaluar las posibilidades de la propiedad, el equipo administrativo del Instituto Bíblico Eastern descubrió una nota que quedó escrita en un pizarrón:

«Que Dios proteja estas paredes y a estas personas. Espero que pronto sea de nuevo un lugar de sanidad para los enfermos, maestro del conocimiento y un refugio para los defensores de la paz. ¡Dios los bendiga!».

Esa nota fue profética, pues dentro de esas paredes y campos, mucha gente joven y preciosa experimentó sanidad y se convirtió en las manos sanadoras de Dios para otros. Ellos se convirtieron en maestros para otros al expandir sus conocimientos sobre sí mismos, sus especialidades académicas y la Palabra de Dios. Al vivir y compartir el mensaje de paz interior divina, respondieron al llamado de Dios para el servicio misional de tiempo completo en este mundo lleno de desafíos.

Los siguientes dieciséis años, Bill y yo tuvimos el privilegio de ser testigos de cómo Dios cumplió la esperanza de aquella persona que había dejado escrita esa nota con gis en el pizarrón. Al principio nos desafió un gran ciclo de aprendizaje.

Por más de tres décadas, habíamos estado enseñando a estudiantes de habla hispana en contextos estructurados. Ahora necesitábamos reaprender la cultura, los modismos, las reglas académicas, y más de la cultura estadounidense, los cuales habían cambiado mucho desde nuestra partida hacia Costa Rica en 1970.

El Dr. Meyer, su esposa Evie y otros profesores nos animaron mucho y nos convertimos en amigos cercanos. Estábamos emocionados de enseñar en este campus estratégico donde tanto el número de estudiantes, la oración, la donación para misiones y los programas evangelísticos estaban más altos que nunca.

Equipos de estudiantes comprometidos servían a las personas en situación de calle en Filadelfia, al igual que a otros incontables grupos de inmigrantes, entre ellos albaneses, coreanos e hispanos. También sirvieron a mucha gente necesitada de Cristo que venía tanto de comunidades pequeñas como de grandes ciudades. Bill y yo estuvimos involucrados en viajes estudiantiles de alcance hacia México, Honduras, Costa Rica, Perú, Paraguay y España, al igual que en nuestra comunidad local.

Pasar más tiempo con nuestros hijos adultos y con un número creciente de nietos fue una ventaja muy especial al vivir y servir en los Estados Unidos. Nuestro hijo Phil y su esposa Karen tuvieron tres hijos: Jessica, Rachel y Blake, y adoptaron a Joshua de dos años en un orfanato ruso. Nosotros cuidamos de sus tres hijos mayores, mientras Phil y Karen viajaron a Rusia para traer a Joshua a casa.

Durante este tiempo, asistí a una reunión para padres en la escuela preescolar cristiana de Blake. Su maestra nos contó que les había estado relatando a los alumnos la historia de cómo Moisés fue rescatado del río por la hija de Faraón porque Dios tenía un plan especial para su vida. El pequeño de cinco años había escuchado con atención. La maestra les pidió a los niños orar en silencio para pedirle a Dios por el propósito que Él tenía para sus propias vidas. Después preguntó:

—¿Alguno de ustedes quisiera compartir con la clase lo que creen que Dios quiere que hagan?

Blake levantó la mano decidido: —¡Sí! ¡Dios quiere que sea un buen hermano para Joshua!

Blake ha seguido cumpliendo con esa prioridad desde que Joshua se unió a la familia Bradney.

En las siguientes vacaciones de invierno, Bill y yo visitamos a la familia de Phil en Indiana. En nuestro regreso, nos llevamos a Joshua con nosotros para que visitara nuestra casa en Pensilvania y a la mamá de Karen, que vivía cerca. Joshua estaba dibujando y jugando felizmente en la parte trasera del auto cuando de pronto una tormenta de nieve nos alcanzó, provocando que se volviera muy peligroso manejar.

Oramos fervientemente, pues el hielo traicionero había convertido la autopista en una pista de patinaje, donde las camionetas estaban atrapadas en la nieve y los trailers se estaban volcando. Cuando un tráiler de semirremolque atravesó la división central hasta nuestro carril, a solo unos centímetros de nuestro pequeño Ford Taurus, supimos que teníamos que salir de la autopista.

Logramos salir, zigzagueando alrededor de los vehículos parados y nos dirigimos hacia una salida abierta que nos llevó al estacionamiento de un motel, en donde pudimos hospedarnos en la última habitación disponible.

Por tres días, estuvimos confinados pero a salvo en ese cuarto de motel. Los dueños del lugar, muy amables, nos cobraron las tarifas más bajas y nos llevaron comida. Joshua, que ahora es un adulto, todavía recuerda cómo Dios proveyó de un lugar para dormir, juegos divertidos, peleas de almohadas y muchos otros buenos recuerdos. Estamos muy agradecidos de que el hielo no fue quien dirigió nuestro auto sino la protección divina de Dios.

Conforme Joshua creció, descubrimos que, al igual que muchos huérfanos provenientes de orfanatos rusos y del este de Europa que están saturados y con poco personal, él no sabía cómo procesar sus emociones o incluso cómo llorar. Su orfanato tenía ochenta niños menores de tres años.

Sin importar cuán hambrientos, cansados, mojados, sucios o enfermos estuvieran, aprendieron que el llanto no causaría respuesta alguna de sus cuidadores. Como los otros niños, Joshua aprendió inconscientemente a esconder sus emociones y a nunca llorar aunque estuviera sufriendo.

Estábamos enseñando en la Universidad Valley Forge, cuando Joshua, quien era todavía un adolescente, nos acompañó a un concierto de la escuela. La capilla estaba llena de estudiantes, padres de familia que venían de visita y amigos. Encontramos nuestros asientos y disfrutamos de diferentes arreglos corales e instrumentales, pero más allá de eso estábamos profundamente conscientes de la santa presencia de Dios. Los líderes de adoración nos pidieron unirnos a ellos cantando.

Conforme Joshua cantaba, me di cuenta de que tenía los ojos cerrados y las lágrimas rodaban por sus mejillas. Cuando el canto terminó, Joshua susurró: «¡Abuelita, esta es la primera vez que lloro!».

Nos abrazamos muy fuerte, agradecidos por ese momento sagrado.

Bill e Hilda con nietos.

Capítulo 47

Más Intervenciones Divinas

Como siempre, escuchar y ser testigos de las historias de las intervenciones divinas del Señor en las vidas de nuestros estudiantes, ha sido de nuestros más grandes deleites y bendiciones. Milton, de Perú, había pensado que su sueño de tener éxito y dinero se haría realidad en los Estados Unidos, pero solo encontró soledad, pobreza y un gran vacío.

Un día, un cliente cristiano se hizo amigo de él en la cadena de pizzas donde Milton trabajaba. Daniel le compartió del evangelio y Milton vio en Daniel el propósito, el gozo y la paz que él tanto anhelaba. Con el tiempo, Milton se convirtió en un estudiante sobresaliente del Instituto Valley Forge y el líder de una congregación creciente multiétnica.

Durante las vacaciones de primavera, llevamos a un grupo de veinticuatro estudiantes a la gran metrópoli de la Ciudad de México para un alcance evangelístico. Nuestros anfitriones ahí nos rentaron un camión para transportar al grupo.

Al ser testigos del gozo y la paz que reflejaban nuestros estudiantes, el chofer y su novia se dieron cuenta de que se estaban perdiendo del favor de Dios al vivir juntos sin estar casados. Así que, durante nuestro tiempo ahí, completaron su proceso para casarse legalmente.

Les pregunté si podíamos celebrar su unión con la bendición de Dios. Les encantó la idea, así que improvisamos una boda ahí mismo en el camión. Les dimos una Biblia en español y un ramo de flores a los recién casados. Bill leyó los pasajes bíblicos apropiados, animándolos a caminar con Jesús como marido y mujer. El siguiente domingo, la pareja empezó a asistir a una iglesia local evangélica.

En nuestro segundo año en la Universidad Valley Forge, conocimos a una estudiante de Educación, rubia y delgada, llamada Jessica. Alentamos a los estudiantes a asistir a un congreso de misiones para jóvenes, de tres días de duración. Lo organizaron las Asambleas de Dios en el medio oeste para miles de universitarios de todas partes de Norteamérica.

Los misioneros de las Asambleas de Dios de diversos continentes compartieron sobre sus ministerios. Los estudiantes fueron desafiados a dar un año de sus vidas a las misiones y a orar para hallar un servicio de por vida. Jessica, quien tenía carga por todos aquellos que aún no habían escuchado las Buenas Nuevas de Dios, respondió en el altar, orando: «¡No me iré de este altar hasta que me hables! Quiero hacer tu voluntad. Por favor, ¡revélamela!».

Mucho después de que otros estudiantes se fueron a dormir, Jessica seguía en el mismo lugar derramando su corazón a Dios. Cuando el equipo de limpieza llegó temprano en la mañana, ella seguía en el altar, donde Dios había encendido su corazón por África. Al siguiente día, visitó la exhibición sobre África y habló con varios líderes que servían ahí, acerca de las necesidades de educación en ese continente.

En el último día del evento de misiones, ella conoció a un director de escuela de un país africano devastado por la guerra.

Cuando Jessica llenó su solicitud para ese ministerio, el director exclamó emocionado: «¿Tu nombre es Jessica? Cuando estaba orando por este congreso, Dios me dio una señal de que conocería a una Jessica que bendeciría a nuestro país. ¡Y aquí estás! ¡Eres una respuesta a nuestras oraciones, Jessica, y tus dones serán usados al máximo en nuestro país!».

Pronto, Jessica se graduó, obtuvo su título en Educación y en 2006 llegó a Somalia, donde sirvió por tres años, antes de casarse con un trabajador humanitario sueco llamado Erik. Los siguientes cinco años, sirvieron los dos juntos en Kenia y Somalia. Después, en octubre del 2011, Jessica y un colega danés estaban viajando hacía un entrenamiento en el sur de Somalia cuando fueron tomados como rehenes por unos piratas somalíes.

Por tres meses, los tuvieron cautivos en campamentos repugnantes en el desierto, mientras los piratas negociaban la demanda de rescate por cuarenta y cinco millones de dólares. Jessica sufría de una condición médica y su salud se estaba deteriorando grandemente. Le preocupaba la posibilidad de morir ahí y nunca regresar con su esposo y su familia. Los piratas ni siquiera podían pronunciar su nombre, lo cuál la hacía sentirse todavía más sola.

Una noche hubo un ataque armado en el campamento. Temiendo por su vida, Jessica trató de esconderse debajo de la arena para evitar los balazos. Después, escuchó el sonido más reconfortante, su nombre: «¡Jessica!».

La voz claramente era de alguien de su país, de Estados Unidos. Se dio cuenta de inmediato que el ataque había venido de un equipo de operaciones especiales estadounidenses, el equipo seis de los Navy SEALS. Su Padre celestial, que conocía su nombre y nunca la había abandonado, respondió a su clamor. El equipo SEAL escoltó a Jessica y a su colega danés a un helicóptero de combate que se encontraba cerca, el cuál voló hacia la libertad y a sus familias que los esperaban.

Esta terrible experiencia de Jessica de noventa y tres días, y su rescate, llamó la atención de los encabezados en todo el mundo cuando le agradeció a Dios, al Presidente Obama y al valiente equipo Navy SEAL que la rescató. Ella y su esposo Erik regresaron a los Estados Unidos, en donde más tarde tuvieron un hijo. Su historia completa se puede conocer en su autobiografía *Impossible Odds* (*Probabilidades Imposibles*).

Estas fueron solo algunas de las intervenciones de Dios de las que tuvimos el privilegio de ser testigos mientras servimos en la Universidad Valley Forge. En una carta sobre nuestro ministerio escrita a finales de 2012, compartimos sobre la gracia maravillosa de Dios en la vida de los siguientes estudiantes.

Nicole fue transformada de un doloroso abuso después de ir a una clase donde ella recibió y ofreció el perdón. Bill y yo recibimos una carta de ella de tres páginas escrita a mano, agradeciendo a Dios por haber sanado sus heridas emocionales. Ahora ella sirve a otros.

Aubrey invitó a artistas a fiestas para pintar, vendió esas piezas de arte en distintos eventos los fines de semana y donó las ganancias para rescatar a niñas de la trata de personas en la India.

Rachel se estaba preparando para servir en la República Democrática del Congo, creando un plan de estudios sobre salud para ayudar a las escuelas a reducir el nivel de epidemia del virus de VIH en ese país.

Cuatro estudiantes se estaban dirigiendo al Cairo, Egipto para aprender sobre la cultura y la lengua árabe para vivir de manera creativa y compartir las Buenas Nuevas entre los grupos no alcanzados del Medio Oriente.

Varios estudiantes empacaron 174 cajas de zapatos de Operación Navidad para niños en necesidad alrededor del mundo.

Varios grupos de estudiantes estuvieron sirviendo a las víctimas del huracán Sandy, la tormenta más mortal de la temporada de huracanes del Atlántico del 2012.

Y eso fue solo una carta de noticias, pues en Costa Rica y Paraguay, las historias de nuestros estudiantes que sirven a Dios, aún continúan.

Convención de Misiones en Valley Forge Christian College.

Hilda tocando el arpa Paraguaya para niños.

Capítulo 48

Aventura Australiana

uestra amiga Steffanie del Departamento de Estado, que trabajaba en la embajada americana en Paraguay siguió bendiciéndonos, no solo al donar para muchos proyectos misioneros, sino que en 2013 nos proveyó de fondos para un sueño que yo no había compartido con nadie y que tenía desde hace décadas: visitar el lugar donde crecí en Australia y llevar a Bill a conocer y a presentarle a mis amigos de ahí.

Nuestros anfitriones durante el viaje fueron Steffan Lowe y su hermana Erin. Los hermanos Lowe eran de una familia anglo-india que mis papás llevaron a Cristo en Calcuta, India. Nos volvimos a poner en contacto después de que ellos emigraron a Melbourne, Australia y cuando eran niños visitaron muchas veces a nuestra familia. Con los Lowe visitamos el Phillip Island Nature Park (Parque Natural Phillips Island), donde disfrutamos ver a los pingüinos, canguros y koalas.

También volvimos a tener contacto con Chris y Erica Grace, a quienes conocimos por primera vez en 1986, cuando Chris y mi esposo tomaban cursos de posgrado en el Seminario Teológico de las Asambleas de Dios.

Siempre aventurero, Chris había dejado su ciudad natal de Sídney, Australia, para viajar por el mundo. Mientras trabajaba con geólogos franceses en la jungla peruana, contrajo hepatitis y una pareja de misioneros de edad avanzada le ofreció hospedaje mientras se recuperó.

Una noche en la cena, Chris estaba compartiendo sus experiencias de viaje, cuando su anfitrión le comentó con discernimiento: «Chris, has estado en muchos lugares y has hecho muchas cosas, pero hijo, ¡aún sigues buscando!».

Chris no le dio mucha importancia al comentario pues él pensaba que ya lo tenía todo resuelto. Pero después, cuando estaba a solas, oró: «Dios, si lo que escuché acerca de ti esta noche es cierto, muéstramelo».

El Espíritu de Dios convenció de pecado a Chris de una manera poderosa y él inmediatamente cayó de rodillas sollozando. Él había crecido en la fe cristiana, y ahora se sentía como el hijo pródigo regresando a su hogar espiritual. Con el deseo de crecer espiritualmente, estudió en el Instituto Teológico de las Asambleas de Dios en Asunción, en donde Bill y yo enseñamos después.

Durante ese tiempo, Chris conoció a Erica, hija de misioneros de las Asambleas de Dios que servían en Bolivia. Se casaron y se convirtieron en misioneros de las Asambleas de Dios, donde sirvieron seis años en Paraguay, cinco años en Bolivia y nueve en Chile.

En el tiempo en que conocimos a Chris y Erica en Springfield, su familia estaba enfrentando una gran crisis. Su hijo de seis años, Andrew, estaba perdiendo la vista debido a un virus en su cerebro que le atrofió el nervio óptico. Había sido tratado por especialistas oftalmólogos en Australia, Chile y los Estados Unidos, pero sus ojos seguían deteriorándose. En el preescolar, Andrew ya no podía ver lo que estaba escrito en el pizarrón aunque se sentara en la primera fila del salón.

En Semana Santa de 1987, llevé a Andrew y a nuestro nieto Bobby, el hijo de Ruth, a una fiesta de pascua en un parque local. El silbato sonó y los niños se juntaron para recolectar huevos. Todos excepto Andrew, quien solo se quedó parado observando. No alcanzaba a ver los huevos. A gatas me puse a recolectar unos para él.

Chris compartió sobre la necesidad de Andrew en el tiempo de capilla del seminario. El regreso de la familia Grace a Chile para servir estaba en riesgo, pues Andrew necesitaría una educación especial. Un grupo de estudiantes oraron y ayunaron, pidiéndole a Dios que tocara los ojos de Andrew. Unos días después, un compañero de clase le dijo a Chris que sentía que Dios le había dicho que le diera a Chris un frasco de aceite, diciendo: «Unge a tu hijo con esto por siete días y Dios lo sanará».

Los padres de Andrew ya habían ungido sus ojos y orado por sanidad muchas veces. Pero una vez más lo hicieron, ungiendo y orando con él cada noche antes de dormir. En la octava mañana, los despertaron unos gritos jubilosos: «¡Puedo verlas! ¡Puedo verlas!».

Saltando de la cama, Chris y Erica encontraron a Andrew viendo hacia afuera de la ventana, fascinado de ver por fin a las ardillas que sus padres y hermanos antes le describían. A Erica le gusta creer que Dios le dijo a las ardillas que hicieran un show solo para Andrew.

Ese día, Andrew no solo recibió sanidad en sus ojos, sino que también recibió a Jesús en su corazón. Los oftalmólogos confirmaron el milagro y la sanidad de Andrew se volvió una plataforma importante para compartirle a los chilenos sobre la intervención divina de Dios en su hijito.

Años más tarde, llamé a la familia Grace mientras estaba ministrando en una convención nacional de mujeres en Chile y hablé con Andrew. Él alababa a Dios porque sus ojos seguían en excelente condición. Ahora, después de décadas, nos volvimos a encontrar en un café en Melbourne, donde comimos unos bollos ingleses con mermelada de fresa y crema Devonshire y me puse al corriente sobre su ministerio.

Después de su servicio en Chile, Chris y Erica fueron invitados a coordinar el departamento de las Misiones de las Asambleas de Dios en el país de origen de Chris, Australia. Después, Erica comenzó a producir un programa familiar para la radio cristiana de HCJB, en Quito, Ecuador, mientras su esposo pastoreaba una iglesia local australiana.

Cuando los vimos en el café de Melbourne, el éxito radial de Erica la había llevado a escribir libros y a dar seminarios familiares en televisión nacional en muchas partes de Australia.

Viajamos a Adelaida, en el sur de Australia donde nos reunimos con la familia Pitman, unos queridos amigos de la infancia con los que crecí en la iglesia que mis padres pastorearon.

También nos reencontramos con la familia Evans. Los padres, Tom y Stella, habían servido con mis padres tanto en la India como en la iglesia de Adelaida más tarde. Andrew Evans había servido como superintendente de las Asambleas de Dios en Australia. En 2002, él cofundó el partido conservador The Family First (La Familia Primero) y ganó un lugar en el consejo legislativo del sur de Australia.

Fue de mucho gozo conocer las travesías de nuestras dos familias que, aunque diferentes, han sido espiritualmente fructíferas desde que nuestros padres se conocieron sirviendo juntos a Dios en la India.

En conjunto, fue un viaje maravilloso, reconectando y creando nuevos recuerdos en el país de mi infancia, Australia. Nunca podré terminar de agradecer a Steffanie por haber hecho esto posible.

Epílogo

No Retirados, Sino Retapizados

Bill y yo, al irnos acercando a nuestros ochenta años, nos dimos cuenta de que era tiempo de hacer una transición de la enseñanza estructurada hacia un estilo de vida menos demandante, en especial cuando al revisar nuestro calendario nos dimos cuenta de que ahora acudíamos más a funerales que a bodas.

El 2018 fue nuestro último año oficial de enseñanza en la Universidad de Valley Forge. Dios nos proveyó de una comunidad encantadora de ancianos llamada Garden Spot Village, en Lancaster County, Pensilvania.

Un día, mientras Bill estaba sentado en nuestro solárium, habló con Dios con franqueza: «Señor, no nos merecemos esta hermosa casita con tan bella vista de céspedes bien cuidados, rosas, pájaros, ardillas y conejos».

Parecía que podía escuchar a Dios susurrándole con amor: «Ya vivieron mucho tiempo detrás de ventanas y puertas enrejadas, y de paredes altas con alambres de púas y pedacería de vidrio, mientras me sirvieron en Latinoamérica. ¡Este lugar donde pueden ver mi creación es mi abrazo divino para ustedes!».

En ese momento, Bill aceptó y agradeció a Dios por este regalo de gracia. Hoy, la sociedad puede decir que ya nos jubilamos. Pero yo pienso que Dios nos llamaría «retapizados», ya que seguimos sirviéndole en todas las formas que podemos, aunque nuestro servicio y ubicación han cambiado de los estudiantes universitarios a los adultos y ancianos.

Soy bendecida, al poder servir a nuestra congregación local en una manera limitada, compartiendo el liderazgo en muchos grupos y también al ser voluntaria junto con Bill en nuestra comunidad.

En el 2019, Bill y yo viajamos con nuestra hija Ruth, nuestro hijo Phil y nuestro nieto Josh, para visitar a nuestros antiguos vecinos, amigos, colegas y estudiantes en Costa Rica, donde servimos por casi veinte años.

La Asociación Nacional de Iglesias nos dio la bienvenida con un banquete tradicional y reunión abierta en el campus del Instituto Bíblico. Fue como una fiesta ver y escuchar cómo los antiguos estudiantes están alcanzando a esta generación en formas nuevas y efectivas. Hubo lágrimas, risas, abrazos, regalos e historias cada día. Vimos a los hijos de los antiguos vecinos que aceptaron a Cristo en nuestro hogar y que ahora aman y sirven al Señor.

Estábamos agradecidos y bendecidos por haber hecho esta visita, ya que la pandemia global por Covid-19 le puso una pausa a los viajes. Millones de personas han experimentado la muerte, el dolor, la separación, pérdida de trabajo, miedo y aislamiento durante esta pandemia. Gracias a Dios, Bill y yo estamos bien, tenemos más habilidades en la computadora para conectarnos de manera electrónica, y yo he podido dedicar este tiempo para documentar y compartir estas historias.

Uno de mis gozos especiales es tener invitados alrededor de la mesa del comedor para compartir historias. Recientemente, tuvimos el privilegio de conocer en persona a tres siervos preciosos de Dios que nos compartieron que fueron grandemente impactados por mi papá durante sus últimos años.

El reverendo Sam Smucker, fundador del centro de adoración en Lancaster, PA, el maestro y orador internacional Andrew Taylor, y el evangelista internacional y autor Christopher Alam. Las semillas que mi papá sembró en sus vidas han florecido a lo largo de muchas décadas, trayendo esperanza a miles de personas alrededor del mundo.

Bill y yo cumplimos más de sesenta años de matrimonio. En junio de 1961, cuando nos arrodillamos en un altar durante nuestra ceremonia nupcial, no teníamos idea de dónde, cómo y cuándo nos confirmaría Dios sus palabras a mi padre: «Si tú eres fiel al Señor, Él te usará de una manera única para bendecir a multitudes en las misiones».

Por su gracia, Bill y yo hemos visto cumplirse esta profecía. Hemos sido testigos de lo que Dios ha hecho de maneras que nunca pudimos haber imaginado o pedido en nuestros sueños más locos, así como Dios prometió a sus seguidores a través del apóstol Pablo: «Dios tiene poder para hacer mucho más de lo que le pedimos. ¡Ni siquiera podemos imaginar lo que Dios puede hacer para ayudarnos con su poder!» (Efesios 3:20 TLA).

Ahora que celebramos sesenta fructíferos y enriquecedores años como matrimonio y equipo de servicio, Bill y yo de verdad sentimos que somos la pareja más feliz y plena del mundo. Mi fiel, amoroso y solidario esposo constantemente me ha animado y permitido continuar con mis estudios, aceptar invitaciones del ministerio y disfrutar mis pasatiempos.

Eso incluye el experimentar y recolectar estas historias de la intervención divina de Dios, hasta que Él cierre mi libro aquí en la tierra. Estoy deseosa de ver por la gracia de Dios el día eterno en que Él abra su Libro de la Vida y lo escuche decir mi nombre. Daré gracias y alabaré a Jesucristo, quien planeó mi pequeña vida. Voy a abrazar a mis seres queridos y amigos y escucharé el resto de sus historias.

¡Espero también verte a ti ahí y escuchar tu historia!

No jubilado sino recauchutado.

Bill e Hilda en Garden Spot.

Sobre la Autora

Nacida en la India, hija de los misioneros ingleses Harold e Hilda Groves, la autora, profesora, conferencista y veterana de misiones Hilda Bradney y su esposo Bill, sirvieron con las Asambleas de Dios por más de cincuenta años en los Estados Unidos, Costa Rica y Paraguay. También fue directora y profesora adjunta del Departamento de Estudios Interculturales de la Universidad Valley Forge. Ahora «retirados» en Lancaster County, Pensilvania, los Bradney siguen sirviendo a Dios en su comunidad local y disfrutan pasar tiempo con sus tres hijos con sus parejas, sus ocho nietos y cuatro bisnietos.

Puede ponerse en contacto con el autor en billhilbradney@gmail.com.

Made in the USA
Middletown, DE
30 October 2023

41539358R00186